COLLECTION
FOLIO/ESSAIS

Régis Debray

L'État séducteur
Les révolutions médiologiques
du pouvoir

Gallimard

Ancien élève de l'École normale supérieure, agrégé de philosophie, Régis Debray a été emprisonné en Amérique latine (1967-1971), puis conseiller du président de la République en France (1981-1988). Il est devenu philosophe et écrivain. Il a notamment publié, en 1986, *Éloges*, recueil de réflexions sur la création artistique.

À SYLVIE MERZEAU,

dont la thèse d'État, « Du scripturaire à l'indiciel », m'a révélé notre véritable date de naissance : 1839.

Je tiens à exprimer mes remerciements à Robert Badinter, président du Conseil constitutionnel, Jérôme Clément, président du Comité de gérance d'Arte, Max Gallo, ancien porte-parole du gouvernement, Sami Naïr, professeur de sciences politiques, Christine Piot, historienne d'art, et Hubert Védrine, secrétaire général de la Présidence de la République, pour l'attention fructueuse qu'ils ont bien voulu prêter à ce manuscrit, ainsi que Jacques Seguela pour avoir accepté de satisfaire mes curiosités.

Je remercie également, pour leur bienveillance, Alain Gras, professeur à Paris-I (anthropologie des techniques contemporaines), et Jacques Perriault, directeur de la recherche à l'I.N.E.D. (Institut national d'enseignement à distance).

Ce petit livre n'est pas de morale ni de politique mais de *médiologie*. Cette discipline se donne pour tâche d'explorer les voies et moyens de *l'efficacité symbolique*. Comment de simples mots, images ou paroles ont-ils pu et peuvent-ils toujours modifier le cours des choses? Question immémoriale, qui reste obscure. Son éclaircissement appelait une méthode d'investigation particulière : l'étude des *médiations* matérielles qui permettent à un symbole de s'inscrire, se transmettre, circuler et perdurer dans la société des hommes. J'en ai exposé les principes en interrogeant, à grande échelle, le pouvoir des idées (*Cours de médiologie générale*, 1991), puis celui des images (*Vie et mort de l'image*, 1992). Pour en résumer d'un mot l'inspiration, cette méthode a pour axe le raccordement contrôlé de l'histoire noble des croyances et des institutions à l'histoire prosaïque des outils et des machines.

En examinant aujourd'hui cette zone sensible où s'entrecroisent moyens de transmission et formes de gouvernement, on ne fait que prolonger dans le champ politique français ce même fil directeur qui nous avait servi, à

plus petite échelle, pour envisager l'institution intellectuelle (*Le Pouvoir intellectuel en France*, 1979). Ces deux
microanalyses se font pendant. Dans tout scribe, disions-
nous, il y a un homme d'État. Dans tout Prince, et pour la
même raison, il y a un homme de signes. À la fonction
nécessairement politique du producteur de symboles,
répond la fonction nécessairement symbolique du responsable politique. Quiconque transmet des signes se mêle de
gouverner ; quiconque gouverne se mêle de transmissions.
Et de même que les sites et les procédures de l'activité
intellectuelle se sont déplacés au cours des siècles avec
l'évolution des supports et des vecteurs d'idées, ainsi le
font les méthodes de l'action publique et les formes de
l'État. La vie politique d'une société peut s'interpréter
comme la dramatisation de ses techniques, dont la création artistique serait, parallèlement, la « poétisation » [1].

Reconnaître qu'il y a plus qu'une machine dans une
machine à transmettre, c'est suggérer qu'il y a moins d'art
qu'on ne croit dans l'art de gouvernement, et plus de
mécanisme que ne le croit l'artiste lui-même. Comme
tout effort de connaissance objective portant sur un
domaine jusqu'alors abandonné à la morale, à l'idéologie
ou à la psychologie, l'approche du médiologue peut être
taxée de cynisme. De fait, il ne croit pas les acteurs sur
parole, car les discours de l'homme d'État l'intéressent
moins que leur panoplie : acoustique de la salle, présence
ou non à l'image, porte-voix ou micro-cravate, portée et
délais de retransmission. Derrière l'ordre apparent des
valeurs, il recherche l'ordre caché des vecteurs, car le
second lui en apprendra plus sur le premier que l'inverse.
Dans le personnage politique, il considère d'abord un

---

1. François DAGOGNET, *Pour l'art d'aujourd'hui*, Paris, Dis voir, 1991.

appareillage collectif personnifié; et ces ombres chinoises ne comptent à ses yeux, au plan qui est le sien, que comme l'incarnation de fonctions machinales propres à tel ou tel stade du développement technique. Pourtant, les figures du jeu politique ont une âme, des idéaux, une volonté et souvent une éthique (plus rigoureuse, parfois, que celle du milieu intellectuel). En mettant l'intériorité entre parenthèses, le médiologue paraît leur prêter un cynisme qu'elles n'ont pas, et lui non plus. Ce parti pris de distance, car c'en est un, inévitable et salutaire, n'empêche pas l'auteur d'être par ailleurs un citoyen, un être de foi et parfois même un ami des acteurs d'une pièce dont il cherche ici à comprendre les ressorts. Compatriote, compagnon s'il le faut, mais collègue en aucun cas. La liberté de critiquer est à ce prix.

« Le moi est haïssable », et dans le champ du savoir plus qu'ailleurs, mais l'hypocrisie l'est également. Il ne servirait à rien de cacher que cet essai sobrement académique a trouvé son départ dans les déconvenues d'un modeste serviteur de la chose publique. De même qu'on ne peut expliquer les mœurs de l'intelligentsia sans y avoir trempé, peu ou prou, on ne peut comprendre les dérèglements ou les nouvelles règles de l'État sans en avoir été, fût-ce par la bande. Il y a quelque chose d'inévitablement mélancolique dans la démarche du médiologue comme dans celle de l'écologue (la médiologie pouvant se définir comme l'écologie des systèmes culturels). « H_2O n'est pas la découverte d'un poisson », sauf s'il se retrouve sur le sable. Un individu ne s'intéresse pas à son milieu de vie, naturel ou technique, tant que de sérieux dommages ne lui ont pas révélé qu'il n'avait rien de cette permanence qu'il lui prêtait ingénument[1]. Qu'on le déplore ou s'en félicite, l'État n'est plus ce qu'il était. L'autorité légitime ne baigne plus dans le même climat physique qu'il y a trente ans. Cette naïve découverte, ce désenchantement trivial, c'est à chacun d'en tirer les conséquences en fonction des valeurs qui sont les siennes et qu'il n'a le droit d'imposer ni même de proposer à personne d'autre (et en particulier aux hauts fonctionnaires qui s'accordent avec le nouvel état de choses ou qui pensent pouvoir le régénérer de l'intérieur).

Chez nous, l'État donnait force à « la Sainte-Loi d'Anti-Nature », pour parler comme Albert Cohen[2]. Je tiens, en ce qui me concerne, l'existence d'un État unitaire et centralisé pour le pire de tous les maux à l'exception de tout ce qui peut lui succéder – l'inégalité, l'oppression et la tuerie naturelles comme le morcellement et l'asservissement non moins spontanés de la nation à des forces extérieures. Il m'a semblé qu'on pouvait plus facilement résister à la nouvelle loi naturelle du tout-marché et du tout-communautaire en quittant l'officialité existante, dès lors que l'État s'abandonnait démagogiquement à la nature des choses. Ces jugements de valeur parfaitement contingents et personnels m'ont conduit à démissionner du Conseil d'État[3]. La morale est indifférente aux discours et étrangère aux règles : elle n'existe que dans et par nos actes. La médiologie comme telle n'en recommande aucun et n'implique pas de prise de position, ni pour ni contre. Du dépérissement de la puissance publique, cet

1. Robert DUMAS, « La médiologie, un savoir nostalgique », *Critique*, n° 552, mai 1993.
2. Albert COHEN, *Churchill d'Angleterre*, Paris, Lieu Commun, 1985.
3. Par une lettre dûment motivée en date du 28 décembre 1992, adressée au président Marceau Long.

essai d'analyse, limité aux surfaces et interfaces du pouvoir d'État, ne prétend pas tirer des conséquences valables pour tous, mais simplement dégager parmi beaucoup d'autres un foyer de causes reconnaissables par tous, quoique à la fois flagrantes et mal connues. Tant est vrai le proverbe chinois : « Le lieu le plus obscur est toujours sous la lampe. »

I

LA RÉVOLUTION
PHOTOGRAPHIQUE

Les nouveaux signes et insignes du pouvoir ne traduisent pas un simple changement dans la symbolique mais dans la fonction et la nature de l'État. La généalogie en remonte à l'apparition du daguerréotype. Cette cassure dans notre régime millénaire de représentation devait modifier nos corps, nos âmes et l'ordre du monde.

Une fois dissipées les illusions de « l'union » européenne, épuisés les plaisirs que procure la deuxième féodalisation de l'Occident, la renaissance en France d'un État républicain n'est nullement impossible. Nos enfants feront de nouveau crédit à ce qu'on appelait hier le sens de l'État.

Pour l'heure, force est de prendre acte d'une singulière perte de consistance et de respectabilité. La violation du devoir de réserve et l'exploitation à chaud, par un ancien conseiller du président de la République, de documents d'État qui eussent été jadis scrupuleusement versés aux archives publiques pour consultation après trente, et même soixante ans, n'est qu'un signe, parmi d'autres moins anecdotiques, d'une catastrophe silencieuse. Phénomène d'autant moins signalé qu'il affecte une entité supposée stable et durable par excellence et étymologie, l'*État* (ce qui est et demeure, ce qui reste par-dessous ce qui passe).

L'ébranlement vient de loin, et se décèle un peu partout dans le paysage.

Ces glissements de terrain, ces imperceptibles
secousses, sociologues et politologues les ont maintes fois
détaillés. Pour mémoire, pêle-mêle (et pardon pour
l'extrême banalité du propos) : la promotion du local, de
l'urgent, du « concret » en lieu et place des principes,
perspectives, et vues d'ensemble ; le déclin des syndicats
au bénéfice des « coordinations » sectorielles et ponctuelles (infirmières, routiers, lycéens, marins pêcheurs,
etc.), des partis au bénéfice des réseaux ou mouvances ; le
racornissement des organes administratifs du long terme
(Centre d'analyse et de prévision, Commissariat général
au Plan, etc.) et la multiplication des outils *ad hoc* du
court terme (cellules de crise, *task-force*, groupes de travail, etc.) ; le délestage des programmes et projets de
société, remplacés par les « équations » ou « profils » personnels ; la normalisation des « fuites » et l'extinction *de
facto* de la notion de secret d'État, comme du secret de
l'instruction judiciaire et de l'administration en général ;
le grippage des mécanismes et instances de représentation, Parlement au premier chef, en faveur de radio-
graphies d'opinion souples, plurielles et directes (sondages et enquêtes minute, émissions à retour instantané),
l'effacement à l'américaine des frontières entre vie
publique et privée, qui substitue au débat d'idées l'examen de moralité ; le nouveau pouvoir d'arbitrage du journaliste et du magistrat ; la dégradation de l'idée et des réalités du « service public » (rebaptisé « secteur »), et les
nouveaux prestiges du « cœur » (restos, croisades, coups),
de l' « aventure » (humanitaire, scientifique, industrielle,
du Cosmos, de la Famille, de la Création) et, bien sûr, de
l' « image » (correction, erreur, problème, stratégie d'–).
Les slogans parlent aussi bien que les statistiques.

Aussi significatif à nos yeux, quoique d'apparence

futile, ce changement de scénographie dans la solennité apparemment immuable de l'allocution présidentielle télévisée [1]. La musique classique ou militaire, le générique-antichambre (« Dans quelques instants, allocution de M. X, président de la République »), la vision frontale, les lustres, les ors et les velours, le drapeau tricolore, l'interpellation du téléspectateur en « Françaises, Français », *La Marseillaise* finale et tous les marqueurs de l'écart symbolique ont, en l'espace de quelques années, cédé la place à des allocutions dialoguées, au vocabulaire plus familier, aux plans plus serrés (jusqu'au gros plan sur le visage du chef de l'État, marque d'intimité maximale), dans un décor moins officiel ou plus fleuri. On cherche à fasciner par le rapprochement et non plus par la distance, par la banalisation et non plus par l'héroïsation du chef d'État. L'ostension du Symbole s'efface devant l'ostentation de l'Individu. Comme si bien voir, maintenant, c'était toucher du doigt. Le goût du spontané a inversé les liturgies d'État les plus rigides. L'émotif évince le cérémonieux. Importance croissante des « éléments non verbaux du message », calculent sèchement les ordinateurs du marketing (expression du visage, 55 % d'efficacité, la voix, 38 %, discours, 7 %). Pour la campagne législative de 1993, le Conseil supérieur de l'audiovisuel n'a-t-il pas recommandé aux partis de remplacer sur les chaînes de service public l'émission à texte par l'insert et le clip ?

Nous avons montré ailleurs comment la télévision a désacralisé l'image, tout comme l'imprimerie avait désacralisé le mot [2]. L'inflation fait perdre confiance. Dégra-

---

1. Yves Hélias, *La Symbolique du pouvoir d'État*, 1983 (voir Bibliographie).
2. Régis Debray, *Vie et mort de l'image. Une histoire du regard en Occident*, Paris, Gallimard, 1992.

dation de l'image en « visuel » qui dévalue aussi l'État audiovisuel. On peut se féliciter de cette laïcisation, sans oublier pour autant le caractère inexorablement « religieux » de l'organisation collective, quels que soient ses emblèmes et devises (sacré n'est pas divin).

La démystification du pouvoir suprême s'exhibe ostensiblement dans la réduction à l'unité des deux corps du Prince. Expliquons-nous. On ne connaît pas de sociétés, avec ou sans écriture, où la chefferie ne s'auréole pas d'une sacralité plus ou moins diffuse. Les souverains païens étaient plutôt divinisés dans leur personne. Les souverains chrétiens l'étaient plutôt dans leur fonction, comme délégués de Dieu. Mais, toujours, Clovis a besoin de Rémi, même quand il n'est plus Roi mais Président. C'est l'axiome d'incomplétude qui le veut, propre à tout groupe organisé : le principe de légitimité transcende obligatoirement la personne du Prince, fût-il un soudard heureux. Quand l'onction du suffrage remplace le Saint Chrème, et l'élection populaire l'élection divine, il n'y a pas transition brutale du sacré au profane mais glissement vers une sacralité de compromis, certes, mais aux effets persistants. Le libre-penseur respecte le drapeau, fait silence à l'écoute de *La Marseillaise,* et n'interrompt pas le Président quand il a pris la parole. Simple politesse ? Étiquette ? Plus que cela : contrainte logique. Dont l'*Omnis potestas a Deo* fut le pressentiment théologique [1].

Le sacré du pouvoir suprême se manifestait naguère dans « les deux corps du Roi » : l'un, physique, l'autre, juridique. L'un, charnel, l'autre, symbolique. Nous continuons à distinguer, plus prosaïquement, entre « l'homme

---

1. Voir R. DEBRAY, *Critique de la Raison politique ou l'Inconscient religieux,* Paris, Gallimard, 1981.

et la fonction ». « *Duas personas habet gubernator* », disait le stoïcien – preuve que ce trait n'est pas propre à la théologie politique du Moyen Âge où il culmine pourtant. Dans un président de la République, image passagère d'une Nation permanente, coexistent aussi un individu audiovisuel et un principe essentiel. Un humain trop humain, ̣emporaire et faillible, et une pérennité souveraine et collective. Comme le Roi jadis, la Nation ne peut mourir. Invisible en elle-même, il lui faut donc s'incarner dans des réalités, par nature précaires, mais sans sombrer avec elles.

À l'ère du gros plan, une Assemblée, même nationale, est trop collective pour rentrer dans le cadre et faire image. La télévision déplace la fonction représentative d'incarnation sur le sommet de l'État : Président et Premier ministre. Ils doivent donc se faire voir physiquement. « C'est par la dépersonnalisation du pouvoir du chef de l'État en tant que personne physique et par la personnification de la fonction de souveraineté en tant qu'esprit, âme et génie de la France que la IIIe République a réussi à recréer symboliquement sa propre version des " deux Corps du Roi ", métaphore qui est au cœur même du fonctionnement de l'État, qu'il soit monarchique ou républicain [1]. » Or, la téléprésence tend à confondre le symbole juridique et l'individu physique. Le Verbe et son incarnation. Un président de la République n'est pas un Français éminent qui habite en France mais un Français comme un autre que la France habite : le seul dans ce cas sur 55 millions de ressortissants. La preuve, il peut, le temps d'un mandat, en assurer la repré-

1. Marie-Claude GENET-DELACROIX, *Art et État sous la IIIe République*, Paris, Éditions de la Sorbonne, 1992.

sentation n'importe où dans le monde. Respecter l'autorité d'un président de la République, c'est *voir double* en le regardant. Voir à travers le corps sexué, daté, contingent, frappé de facticité (pitoyable comme vous et moi, comme tout ce qui est essentiellement accidentel), rayonner l'invisible corps mystique. Voir le petit être opaque habiter le grand qu'on ne voit pas mais qui, en retour, l'habille de lumière. Or la télévision empêche de voir double. Elle ne croit pas dans l'invisible.

Nous avons connu l'aberration inverse, dans les despotismes d'hier. Pour visualiser la transcendance de la fonction par rapport à l'individu, les Égyptiens représentaient leurs pharaons en colosses de pierre, hors mensurations humaines. Et Staline expédiait en Sibérie celui de ses photographes attitrés qui laissait publier une photo de lui non revue par lui et non retouchée. La sacralisation du tyran soviétique doit beaucoup au fait qu'il ne se montrait que rarement, et de loin. Le Russe moyen ne l'a découvert physiquement, dans sa chétive réalité, que sur son catafalque, momifié, la semaine de ses funérailles. Les régimes absolutistes ont quelque raison de préférer l'image faite de main d'homme à l'image machinale, si facilement coupable de lèse-majesté. Le Brun, sur sa toile, faisait du minuscule Louis XIV un géant : facilités de la création iconique. La photographie n'est pas aussi aisément courtisane. Elle restitue l'apparence ordinaire d'un homme ordinaire. Son abondance et sa fluidité tendent à démystifier le mystère, comme à ramener, dans les monarchies démocratiques, l'ancien sacerdoce royal au « métier de roi ». L'icône idéalise son original, l'empreinte le matérialise. Et la télévision, qui rapproche tout ce qui se tient au loin, rend « la grandeur » ingrate. Si par *aura* on entend, avec Walter Benjamin, « l'unique apparition d'un lointain », l'aura du Prince à « l'âge de la reproductibilité technique » pâtit autant que celle de l'œuvre d'art. Face à la célèbre photo qui montre un homme de petite taille et un colosse main dans la main devant une tombe, à Verdun, il faut remobiliser en soi toute la vertu oubliée du double regard pour voir un Président et un Chancelier, et à travers eux deux grands pays voisins et également souverains, faire cause commune. Seule une vision proprement symbolique aurait pu empêcher la lecture perverse de ce visuel : à compter de ce jour-là, la grande Allemagne reprenait la petite France en main.

Il y a un lien étrange entre l'ombre où se tient le pouvoir et son origine solaire. Le soleil éblouit et tue qui le regarde en face, comme la mort. Le basileus byzantin, lumière du Christ faite chair, resplendissait trop pour ne pas se couvrir le visage d'un voile et au Japon, jusqu'en 1945, on se prosternait dans les rues au passage de la voiture d'Hirohito, descendant du soleil, car un mortel ne peut croiser le regard d'un dieu vivant. En revanche, l'empereur romain était visible, et Versailles était peuplé de voyeurs et de curieux, maison royale ouverte au tout-venant. Le Roi-Soleil était visible en sa vie quotidienne parce qu'il n'abandonnait aux regards que son corps extérieur, son double de chair. La perte des transcendances religieuses s'est depuis compensée dans un art de l'éloignement qui a fait ses preuves. « Au sommet des affaires, écrit Charles de Gaulle, on ne sauvegarde son temps et sa personne qu'en se tenant méthodiquement assez haut et assez loin. » La France se rêve, les Français se voient. Fallait-il ne pas trop regarder les seconds pour continuer de rêver la première ? De Gaulle se gardait de trop se décou-

vrir devant ses concitoyens, dans son intimité ou son quotidien (et c'est par l'effet d'une disparition physique qu'il
reprit, *in fine*, le pouvoir d'État). Faire passer une décennie durant la « grandeur » par le petit écran, comme un
chameau par le trou d'une aiguille : cette prouesse eut
pour contrepartie la rareté des apparitions, la théâtralisa-
tion du décor, du costume et de la voix, et une surveil-
lance tatillonne de « la voix de la France ». Chaque fois
qu'apparaît un nouveau support de l'esprit, l'esprit qu'il
va tuer s'en empare aussitôt pour une ultime flambée. Le
sursaut d'une mystique séculière (l'indépendance nationale) sur le seuil de la télévision rappelle l'essor de la foi
catholique – et du latin – au début de l'imprimerie.

Que la symbolique de l'État (c'est-à-dire son cœur) sur-
vive ou non au règne du « visuel », voilà l'enjeu civique du
prochain siècle. La télé met en péril le dédoublement des
Princes, au point le plus haut des visibilités sociales. Le
chef de l'État séducteur a un corps de trop, le sien. On ne
peut plus voir au travers. Prestations, performances, exhi-
bitions – ce qui atteste sa présence dévalue son autorité.
La croyance qui lie son sort à la télé sera de moins en
moins crédible, comme la télé elle-même. À trop se cou-
ler dans le robinet à images, l'autorité se liquéfie et la statue du Commandeur audiovisuel se noie dans ses reflets,
parodies et dérisions en cascade. En vidéocratie, la per-
sonnalisation (physique) tend à ruiner la personnification
(morale). La transparence liquide la transcendance.

*

L'émergence d'abord de l' « État culturel » (1960-1980),
puis de l' « État humanitaire » (1980-1990) qui le relaye

dans l'international, a donné au dépérissement de l'État classique une tournure agréable. Rien ne dit que le phénomène soit durable, mais il mérite réflexion.

L'Humanitaire aura-t-il été à la Diplomatie ce que la Culture fut à l'Éducation ? Parallèle des procédures. En France, la Direction des Beaux-Arts, puis le sous-secrétariat d'État aux Beaux-Arts, étaient depuis 1870 rattachés à l'Instruction publique, puis à l'Éducation nationale en 1932. Ce service annexe se détache de la maison mère et devient en 1958 ministère de plein exercice avec Malraux. En 1991, un modeste secrétariat d'État aux Affaires humanitaires auprès du ministre d'État des Affaires étrangères s'en détache à son tour, devient une administration à part entière et bientôt donne le *la*. Parallèle des concurrences : la Culture s'est développée contre l'Éducation, comme l'Humanitaire contre la Diplomatie. Parallèle des paradoxes. La République ayant pour mission de libérer la création artistique des censures et des contrôles de type monarchique ou autoritaire, pourquoi y intervenir par une administration spécialisée ? L'humanitaire ayant pour moteur des *sentiments* d'ordre privé comme la compassion, par nature affranchis de la raison égoïste et du calcul stratégique, pourquoi l'État, par nature l'instance de l'*intérêt* national, doit-il prendre en charge l'élan individuel et se substituer aux O.N.G. ou aux associations privées comme la Croix-Rouge ?

Le crédit des humanitaires a enflé avec le discrédit des politiques dans la mentalité collective, et il est naturel que ces derniers cherchent à redorer leur blason en s'aidant des premiers. L'humanitaire est l'opium des hommes d'État : au début, l'injection soulage. Elle permet de ne pas poser clairement dans l'opinion le problème des responsabilités de tel ou tel gouvernement face à telle ou telle crise extérieure. Une expédition humanitaire a en effet l'immense avantage de ne pas avoir d'ennemi désigné. On prend le parti des victimes, donc on ne prend pas parti (même si on choisit ses victimes sans le dire). Donc, pas de choix stratégique à opérer : ni objectifs, ni alliés, ni définition. On n'est d'aucun camp et de tous. C'est fort sympathique, mais évidemment intenable à la longue. Et chacun connaît le coût final, politique, de la non-politique humanitaire. Comme l'a montré Alain Joxe sur l'exemple yougoslave, en 1992 et 1993, « l'abaissement politique de l'Europe a été scellé par l'humanitarisation de la guerre de Bosnie », qui laisse à l'Amérique le monopole du discours politique et le choix des alternatives militaires en Europe même [1]. Les bénéfices de la priorité à l'humanitaire ont été jugés cependant supérieurs à ses inconvénients par les professionnels de l'État vidéo. Elle permet en effet de « monter des coups » et d'améliorer l'image. Mince avantage ? Frivolité ? En apparence seulement.

Certes, tous les États ont de tout temps fait leur publicité. Mais c'est un fait que la communication de l'État devient l'essentiel de son action. Cela se voit, en bas, à l'agenda d'un ministre comme en haut dans la « Maison » du Président, où le modeste « attaché de presse » de la préhistoire gaulliste, perdu sous un comble de l'Élysée, occupe désormais, sous le nom de « cellule de communication », une position centrale dans le dispositif. Partout, les organigrammes reflètent les mœurs du sérail : le sommet de chaque pyramide prend directement en charge ses

---

1. « Humanitarisme et empires », *Le Monde diplomatique*, janvier 1993.

« public relations » – publicité qui n'a pas fonction d'illustration, comme la réclame d'antan, mais de structuration de l'action en cours. La formule de Pierre Schaeffer « P × C = constante » (pouvoir et communication, dans chaque groupe humain, sont en fonction inverse) s'applique aussi et d'abord à l'État. Moins il a d'autorité, plus il soigne sa publicité.

Au-delà des péripéties du moment et sans confondre la visibilité sociale forte avec le poids administratif faible de ces « créneaux vendeurs », demandons-nous si ces changements de portage ne remplissent pas une fonction durable et désormais nécessaire : colmater le manque-à-jouir de la machine administrative, beaucoup plus sensible en vidéosphère qu'en graphosphère. Le poste de base dans les bureaux est celui de « rédacteur ». Le sobriquet du fonctionnaire : scribouillard. Termes emblématiques de la nature fondamentalement scripturaire de l'activité bureaucratique, en harmonie avec les civilisations d'écriture. Mais décalée et déclassée par l'image-son. Impersonnel et répétitif, l'exercice administratif n'est pas de nature à déclencher une identification, mobiliser un affect, dilater une attente. Rien de moins fascinant. Aller et retour d'huissiers dans des couloirs, ouvertures et fermetures d'enveloppes, piles de papier passant de la droite à la gauche d'un millier de bureaux, réunions impersonnelles et sans éclats de voix, un État qui tourne bien est un zéro audiovisuel, d'une désespérante banalité dramatique, et il n'est pas facile de scénariser cette austérité (d'y loger du narratif, de l'émotif, de l'héroïque, du surprenant, etc.). Comment mettre en récit et en images un appareil d'État qui est somme toute, quant à *l'output*, une machine à produire anonymement du code, de la loi et du règlement, soit des kilomètres d'imprimés chaque jour ? Le déplacement des projecteurs vers le tout-culturel et le tout-humanitaire permet de répondre à la demande de fable, de récits, de chair, de merveilleux et de dépaysement. Sous cet angle, Éducation nationale et Diplomatie sont des handicapés médiatiques. Que peut faire une caméra d'un monsieur assis derrière un bureau Vergennes qui lit des télégrammes, les annote en marge, les remet dans sa corbeille, d'où ils atterrissent sur des Directions géographiques, d'où d'autres assis les réexpédient *via* le chiffre aux diverses ambassades. Un bon ministre des Affaires étrangères est d'abord un bon stylographe. Il prépare le mieux possible le moins de voyages possibles, mais annote et rédige force notes, rapports et télégrammes (le choix du mot juste dans un projet de communiqué est dans ce ministère une occupation vitale mais visuellement aride). Or l'État est désormais tenu de produire chaque jour une quantité croissante d'images et de sons, et un communiqué du Conseil des ministres, un projet de loi ou une circulaire ne font pas un « sujet passable ». Avant 1939, rappelons-le, une copie d'actualités cinématographiques type Pathé-Journal pouvait être présentée pendant *trois mois* par un exploitant ; après la guerre, un délai de *deux ou trois semaines* était jugé acceptable par le spectateur d'une bande Gaumont-Actualité. Le support film avait une lenteur avantageuse. Avec la vidéo, l'actualité est devenue quotidienne. Il faut nourrir d'événements la machine jour après jour. Impossible pour les pouvoirs publics de faire durer une « action de communication » beaucoup plus que deux ou trois jours. La péremption quasi instantanée des *news* remet chaque matin Sisyphe au pied de la montagne.

Rien d'étonnant donc qu'une culture de gouvernement, à la fois asphyxiée et télécommandée par les
médias, leur rythme et leurs exigences, ait été conduite à
« gonfler » démesurément certains secteurs d'activité
spectaculaires mais somme toute mineurs. Sans être
fausse, l'explication par l'expédient médiatique paraît
courte. Une vulgaire technique de communication ? Oui,
mais qui pointe un changement d'élément, de milieu, de
médiasphère. On ne gouverne plus les hommes de la
même manière parce que les hommes de l'an 2000
regardent, écoutent et rient autrement qu'en 1900. Ils
n'ont plus les mêmes croyances parce que de nouvelles
machines leur ont fait de nouveaux sens. Les termes
d'État, de République, de Démocratie, de Peuple n'ont
pas changé mais les choses ont mué sous l'enveloppe. Le
moule du civisme s'est brisé avec les machines d'imprimerie, la première fêlure est vieille d'un siècle et demi.
Nous voici en *civilisation indicielle*. Celle-ci n'a pas seulement modifié notre mode d'accès au réel, elle s'est
construit un *autre réel* que la *civilisation symbolique* qui
l'a précédée. Ce qui était crédible ne l'est plus, car ce qui
était réel ne l'est plus.

Le « séisme silencieux » que nous évoquions au début
répercute en surface une secousse technologique venue
de loin. Il a pour épicentre une révolution dans nos
moyens de représentation des choses et des êtres.

LA FÊLURE INDICIELLE

La première lézarde, le premier court-circuit, la première intrusion de ce qui allait peu à peu modéliser le

temps présent remonte en France à 1839, présentation
par Arago du procédé dit daguerréotype à l'Académie des
sciences de Paris. Ici s'amorcent les glissements progres-
sifs de la vidéosphère; le cinéma et la télévision pro-
longent le même mouvement de révélation factuelle,
étendent la même prise d'empreinte objective au mouvement tel qu'il fut (cinéma), au présent tel qu'il est (télévision). Sur cette tête d'épingle qu'aucun manuel scolaire
d'histoire moderne ne mentionne, s'est édifié à terme un
nouveau Monde, le nôtre. Comme l'a démontré Sylvie
Merzeau, c'est ici que s'amorce « le renversement des rapports de force entre le visuel et l'écrit »[1]. Pour télé-
graphier en termes théologiques le processus engagé par
Niepce et Daguerre : l'Incarnation retournée comme un
gant, ou la reconquête du Verbe par la Chair. La vidéocratie est un daguerréotype géant, excroissance posthume
et cancéreuse de l'Indice premier. En graphosphère,
l'État pouvait se présenter comme un Verbe fait Chair.
En vidéosphère, c'est une Chair en quête de Verbe.

Le logicien américain C.S. Peirce a classé, au siècle
dernier, les signes en *indices, icônes* et *symboles*. Typologie
capitale, qui n'a pas encore livré toutes ses implications.
Et l'indice reste la zone trouble, la moins « développée »
de l'arc symbolique. Une photo n'est pas un symbole,
comme un mot; ni une icône, comme un tableau. C'est
un indice. Elle ne correspond pas à une *intention* mais à
un effet mécanique, la capture automatique d'un rayon-
nement lumineux. Un indice est un « signe réellement
affecté par l'objet » (Peirce). La relation d'un symbole à
son référent est *arbitraire*, effet d'une *convention* (asso-
ciant tel phonème à tel sème, etc.) : le mot « chien » n'a

---

1. Sylvie MERZEAU, *Du scripturaire à l'indiciel...*, 1992 (voir Bibliographie).

pas quatre pattes, et seul un locuteur de culture française
le comprendra. La relation d'un indice ou d'une icône à
son motif est *motivée* : la photo ou le portrait du toutou
ressemble au toutou, n'importe qui s'en rend compte.
Mais le portrait est dans un rapport d'analogie ou d'homo-
logie avec son sujet, tandis que la photo est dans un rapport de contiguïté ou de continuité avec lui. C'est une
empreinte. Ou un symptôme.

Comme la peinture selon Michel-Ange, l'État-symbole
supposait la supériorité de l'Idée sur la réalité, et l'activité
politique s'apparentait à une production symbolique
(« cet homme, disait-on jadis, est en train d'écrire un chapitre d'Histoire »). L'enregistrement photographique en
revanche implique le primat de l'Objet sur l'Idée (« cet
homme, dit-on à présent, a su capter la situation »). Une
photo porte en elle quelque chose d'irréductible au
monde du sens, « elle est foncièrement de l'ordre du réel
et non pas de l'ordre des signes » (Jean-Marie Schaeffer).
Elle est le réel s'affectant lui-même [1]. « C'est un miroir
qui garde toutes les empreintes », disait Jules Janin, en
1839, du daguerréotype. L'État-miroir aussi obéit au réel,
comme une plaque de sels d'argent. C'est un dispositif
sans imagination convertissant au jour le jour en normes
et décisions une masse d'informations objectives, telles
des émissions lumineuses, sans viser une synthèse dynamique ou le sens général. Cet État satellisé tourne autour
de la société civile, son soleil, comme l'image enregistrée
autour de la chose, avec une déférence toute fonctionnelle (l'empreinte respecte son objet). La politique du

---

1. Jean-Marie Schaeffer, *Empreinte photographique et esthétique de la Dar-
stellung*, in *La Présentation* sous la direction de René Passeron, Paris, Éditions
du C.N.R.S., 1985.

reflet ne transfigure pas le fait social et se refuse à intégrer l'événement dans une vue d'ensemble. Elle enre-
gistre point par point, répond au coup par coup. L'État-
symbole était solidaire d'une métaphysique du Code.
L'État-symptôme renvoie à une physique du Référent. Sa
norme de référence est le *ready-made*, le sondage minute,
appelé « photographie de l'opinion », devenue cinémato-
graphie dans le sondage télévisé en temps réel.

Le nouveau personnel politique se veut à l'écoute, aux
aguets. Il se moule sur et veut coller à l'électeur maximal,
« les gens », vous et moi. Hier, un visionnaire épousait la
France, la Liberté ou le Prolétariat; aujourd'hui, des
observateurs épousent le terrain. Consulter le peuple fait
sourire; ausculter une demande fait sérieux. La langue
du contact supplante celle du contrat. Le cerveau du responsable politique démocrate a remplacé la toile de chevalet par la pellicule à émulsion rapide. Slogan du Prince
photosensible : « L'État, ce n'est pas moi, c'est vous. Je
suis vous, vous êtes moi. » L'État Kodak, c'est la société
elle-même s'appréhendant en direct sur un écran de
contrôle, sans délais ni décodage. L'idéal de l'effusion
démocratique (opposé à la distanciation républicaine) :
mouler le représentant sur le représenté, fondre le signe
dans la chose. Résorber la carte dans le territoire, la
France comme personnalité historique dans la France
comme réalité socio-économique, l'intérêt général dans la
somme algébrique des intérêts particuliers. L'âme dans le
corps. L'indice ne parle pas du monde, il est du monde.
La fumée ne *signifie* pas le feu par une convention culturelle arbitraire, elle *est* le feu. La retransmission « live »
du 100 mètres olympique de Barcelone n'est pas le symbole de la course mais la course elle-même. La scène du

théâtre, en revanche, n'est pas la salle, et le temps représenté par les acteurs n'est pas le temps vécu des spectateurs. La rampe et ses feux matérialisaient dans le théâtre à l'italienne cette « coupure sémiotique ». L'État indiciel (comme le théâtre contemporain qui a honte d'être encore théâtre) veut supprimer cette barre symbolique pour incorporer le public au spectacle. Faire monter le spectateur sur la scène. Tous dans le bain, tous voyeurs, tous interactifs. On nous fait marcher à la présence, non à la représentation. À la photo, non à la peinture. Au temps réel, non au différé. Le Prince dans son cadre doré devient le Président dans son cadre de vie. Participatif et performatif, l'héritier du portrait du Roi – Louis XIV par Le Brun – a dit adieu au spectacle, qui veut dire recul, refroidissement, composition. Il recherche le meilleur effet de spontanéité possible, le direct, le vif, le chaud, le fort (idéal d'une communication officielle : l'accouchement en direct, au J.T., de Mme le ministre de la Famille, avec coupure du cordon à 20 h 05).

On nous fait marcher parce que nous le voulons bien. Pour notre plaisir. L'État indiciel devance nos désirs, nous l'applaudissons parce qu'il nous applaudit. C'est nous qui, préférant le choc des photos au poids des mots, demandons aux témoignages d'État d'être aussi « vrais », aussi « brûlants », aussi « choquants » qu'un photo-reportage. Nous n'avons pas seulement avancé la frontière de la mémoire officielle, transformée par les acteurs publics en mémoire immédiate; nous en modifions les éléments et la nature. La personne morale « État » doit s'attester et s'authentifier à nos yeux par des empreintes directes, soit des photocopies. Car la photo, le cinéma et la télé nous ont rendu le deuxième degré de l'élaboration écrite, pénible, sinon suspect : pas assez indiciel.

Pour accréditer un témoignage personnel et subjectif, il faut désormais le présenter comme un procès-verbal (quitte à l'amputer, le tronquer ou le remanier). Avant la vidéosphère, un croquis avait plus de valeur qu'un décalque, et un tableau qu'un cliché. Aujourd'hui, c'est l'inverse. Le document compte plus que l'œuvre. À bas « l'interprétation », vive « l'enregistrement ». À bas le commentaire, vive le compte rendu. Pour vendre sa part de vérité, on l'habille en fragment de réalité brute, sans effet de perspective.

« Il n'y a personne, prévenait déjà Chateaubriand en 1831, qui ne soit devenu, au moins pour vingt-quatre heures, un personnage historique et qui ne se croit obligé de rendre compte au monde de l'influence qu'il a exercée sur l'univers. » Le vieux train de la vanité s'est depuis lors accéléré (la célébration de chacun par lui-même s'opérant presque en temps réel) et démocratisé (elle a gagné les patrons des services secrets). Tout se passe comme si le décret de nomination à un quelconque emploi « à la disposition du gouvernement » portait en annexe, pour l'heureux titulaire, le contrat d'édition de ses futures mémoires. Ces chroniques n'ont de commun que le nom avec l'auguste tradition des Mémoires d'État, telle que l'âge symbolique nous l'a léguée [1]. Quand elles restent sérieuses, elles sont au *Testament* de Richelieu ou aux *Mémoires de guerre* ce qu'une photo d'identité de Van Gogh serait à l'*Autoportrait au chapeau de feutre* : cent fois plus exactes, et cent fois plus fausses. Ou ce qu'est un constat d'huissier à une page des *Mémoires d'Outre-Tombe*. Une trace à un trait. Le verbatim d'un tête-à-tête

---

1. Pierre NORA, « Les Mémoires d'État, de Commynes à de Gaulle », *Les Lieux de mémoire*, t. II, *La Nation*, Paris, Gallimard, 1986.

entre chefs d'État – ce mot à mot griffonné au fur et à mesure par le « preneur de notes » et remis ensuite au net pour communication au ministre et aux collaborateurs – peut être assimilé à *l'indice* de la rencontre. Sa reconstitution après coup ou son récit par l'un ou l'autre des interlocuteurs, à son *icône*. L'exposé du résultat politique, ou son récapitulatif, à son *symbole*.

De Commynes à de Gaulle, les mémoires d'État avaient arpenté le territoire borné par le symbole et l'icône. Portraits, maximes, scènes de genre, analyses psychologiques : le matériau historique faisait l'objet d'un traitement par le mémorialiste, et c'est celui-ci qui comptait, non des révélations plus ou moins scandaleuses. Le décalcomane contemporain évacue le style et le point de vue. Il habille un montage d'indices en journal improvisé. Peu importent les trucages pourvu qu'ils portent le sceau du brut, du vif et du direct. Le *Verbatim* attalien, délit sans précédent dans la tradition française, est absous par le public : qu'importe qu'il viole la loi, s'il sert la vie et la transparence. L'État vidéo baisse la tête en silence.

Le passage de la médiation symbolique à l'immédiateté mimétique, de l'écrit au transcrit ou de l'opéra-ballet à la bande magnétique excède la simple inversion des signes extérieurs de puissance et des postures de fascination. Le glissement du modèle scripturaire au modèle indiciel implique et explique le changement d'emphase de l'abstrait au concret, de la loi à la jurisprudence, de la morale à l'éthique, de la prosopopée à l'anecdote, de l'universel au singulier, du genre à l'individu, de l'emblème au visage. De l'État à « la société civile ». Transfert de réalité, transfert de crédibilité. Le buste de Marianne, dans les mairies, a pris les traits de Catherine Deneuve. La République,

réalité fiduciaire comme toutes les choses du politique, y
gagne en charme mais y perd en fiabilité : les stars vieil-
lissent et meurent plus vite que les symboles impersonnels. Abolir la coupure sémiotique est un plaisir fort, mais
qui se paye. Une abstraction sans corps, comme une allégorie, est sans attraits; mais un corps sans référence symbolique est sans longévité.

L'INSATIABLE DEMANDE DE CORPS

La révolution indicielle a suscité dans la Cité un formidable *appel de corps*, comme il y a des appels d'air. Les
corps constitués n'en ont guère et l'activité bureaucratique met la chair en pénitence. L'État faible doit cependant satisfaire à cette demande sociale de physique,
comme aux autres. Elle est assez récente.

La monarchie absolue avait pour principe un corps
unique, le Roi; la République des principes, réunion de
volontés abstraites, était un régime sans corps (comme on
dit : sans sel); la démocratie du petit écran met tous les
corps au régime. L'investissement par l'image a remplacé
« le contrôle-répression » par « le contrôle-stimulation »
(Foucault). L'émission de proximité me susurre : « Sois
chaleureux, relationnel et transparent : jeune toujours,
comme l'élite lumineuse que tu as sous les yeux. » Le
« soyez spontané » est une injonction toujours paradoxale,
comme le « soyez désobéissant, c'est un ordre ». Pourtant,
cet équivalent subliminal du « *citius, altius, fortius* » de la
devise olympique fait une politique des corps comme une
autre mais sans politique (ainsi sera la politique de l'avenir : dépolitisée); une normalisation, mais sans normes;

une énième « crétinisation de masse » (comme disent les esprits chagrins), mais émulative et non plus punitive ou coercitive. C'est un dressage poli, bien supérieur à tous ceux qui l'ont précédé, car sociologique et non étatique, personnalisé et non autoritaire. Le miracle de ce télé-enseignement, de ces cours de maintien à distance, c'est que chaque corps citoyen puisse s'éduquer au contact du gagneur et du champion, à « l'image du corps » des autres, et donc, curieusement, à l'absence du corps propre. Le sport diffusé dispense tout un chacun de la pratique sportive en rendant le sport omniprésent, comme la politique diffusée nous dispense d'engagement politique tout en politisant l'atmosphère, ou, plus exactement, en atmosphérisant le politique.

Le dressage des jeunes corps dans les cours de caserne et de collège faisait, depuis Napoléon (qui se souciait peu d'instruire les esprits), partie des traditions françaises. Les autorités de la IIIe République commençante, Gambetta en tête (qui dès 1871 voulait « mettre partout, à côté de l'instituteur, le gymnaste et le militaire ») ont parrainé les exercices « gymniques ». Jules Ferry, en instaurant les bataillons scolaires et exaltant les sociétés de gymnastique, enrôlait les muscles au service de la Patrie et du Progrès. Toujours avec le même but : la guerre, de conquête sous Napoléon, de revanche après 1870. Mais les cours de gym restaient des compléments de programme, et l'idéal élitaire du baron de Coubertin ne fut jamais celui de notre « éducation physique ». Sans doute, aux temps héroïques de l'anticléricalisme, dans le face-à-face du maire et du curé, la parade des biceps et des mollets, municipale ou nationale, jouait en faveur de la Laïque. Le défilé des gymnastes devant le buste de Marianne faisait pièce aux tristes processions des cléricaux phobiques, faces de carême et poitrines creuses. L'Église éduquait les âmes en négligeant les corps, la République instruisait les deux, mais sous commande de la Raison : _mens sana in corpore sano_. Le brevet sportif populaire, adopté par Léo Lagrange en 1937, a encore pour but « d'encourager la jeunesse des deux sexes à la pratique _raisonnée_ de l'éducation physique et du sport ». L'idée de Raison implique la bonne mesure, et sur les balances républicaines, l'esprit pèse plus lourd que le corps : le juste équilibre veut donc la prépondérance de l'intellect sur le muscle. Le terrain de jeux, oui, mais dans l'école. En 1895, le corps s'affirme, mais domestiqué. En 1995, il s'est libéré mais c'est lui qui commande. L'État éducateur était un Verbe à chair pauvre. L'État séducteur est une Chair au Verbe maigre.

Le corps humain a toujours été un produit social, et la production s'intensifie, s'accélère, depuis un siècle. Il y a loin du corps-péché du jeune catholique de 1880 au corps-travail du jeune ouvrier de 1910, au corps-bataille du jeune hitlérien de 1940 et au corps-loisir du jeune cadre de 1980. Après s'être globalement élaboré au siècle dernier en machine, notre corps se produit dorénavant en nature. Mais ce naturel reste un artefact (diététique, cosmétique, sport d'entretien). Le corps publicitaire mis en valeur par la télé n'est plus le corps disciplinaire mis en spectacle par le ciné d'avant-guerre. Il est en forme, non en uniforme. Le mysticisme archaïsant du corps cédait à la double tentation de la gravité et de la démesure, qui, dans le délire guerrier, n'en fait plus qu'une. Sa version marchande ou « soft » en fait un outil sobrement performant, à la fois site de bien-être intime (« la bête de plaisir » ne sied pas aux heures de grande écoute) et moyen de réussite individuelle. Nous connaissons tous le corps légitime en vidéosphère : gym-tonic, téléphoné, télégénique, bronzé mais non brûlé, bioénergique mais contrôlé, svelte sans maigreur, sexy sans provocation, en un mot : à la fois ludique et maîtrisé. C'est celui, interchangeable, de la vedette (des affaires, de la politique, des variétés, de la télé, de la culture, etc.). En matière de gouvernement, il vaut un diplôme de grande école (et n'avoir ni l'un ni l'autre est un lourd handicap). Ce stéréotype est habillé Lanvin, nourri nouvelle cuisine, musclé thalasso, mais tombe la veste à l'américaine, dans les studios, et court, l'été, le long des plages. Le corps légitime rayonne d'une gaieté volontaire, bonne humeur plus attrayante qu'une plébéienne bonne santé, mais moins dangereuse que la Joie, ce mythe prétentieux commun au socialisme et au fascisme des avant-guerres. Car le bonheur n'est plus une « idée neuve en Europe », mais l'euphorie. L'entrain est un devoir social auquel la télé et la radio nous rappellent chaque jour.

Déliée des vieux mythes de la force et de la virilité, la corporéité télévisuelle demeure divine, mais sans la lourdeur, l'emphase de la sacralisation fasciste. Le corps fasciste était « trempé dans l'acier ». (Marinetti : « La guerre est belle parce qu'elle inaugure cette métallisation du corps humain dont nous rêvons. ») Dressé, durci par le sport et le travail collectifs, il se voulait à la fois exemplaire et communautaire. C'était le corps d'*un* peuple – opposé au corps *du* peuple de type communiste, à valeur universelle. Les programmes culturels et de loisirs intitulés en Allemagne « La Force par la Joie » (*Kraft durch Freud*) promouvaient « la beauté et la dignité d'une humanité supérieure ». Ils voulaient « guider les gens et afficher des idéaux ».

Le corps démocratique reste un artefact moral, un mythe aussi peu naturel, aussi codé qu'un drapeau, mais il s'est à la fois privatisé, mondialisé et pacifié. Il a suivi la nouvelle hiérarchie des arts plastiques propres à la vidéosphère qui préfère le corps à deux dimensions qu'à trois, ou la peinture à la statuaire. Le fascisme faisait le choix inverse, car « le tableau est adapté à une pièce, la sculpture à une place ». La statuaire est d'humeur civique. Elle fleurit dans nos villes aux moments de forte religiosité politique (Antiquité, Renaissance, IIIᵉ République), quand la peinture de chevalet, cet art d'intérieur, supporte et même suppose l'embourgeoisement et le repli domiciliaire ou intimiste. Le corps nouveau échappe à la violence aristocratique ou nietzschéenne comme à l'équilibre vieux-républicain des sagesses humanistes. Leni Riefenstahl et *Les Dieux du stade* sont loin de nous. Jean Renoir aussi. On a renoncé à « la belle brute blonde » comme au jeune ouvrier en short, sac au dos, « habitué à la marche et aux morsures du ciel, à l'âme candide et pourtant sans naïveté » (André Chamson). Le télécorps est optimiste, certes, et conforme, mais non doctrinal et propagandiste. Non plus blason d'une classe, d'une race ou d'un peuple, mais nomade et strictement personnel. Aux antipodes des liturgies païennes de la masse. Notre corporéité n'est pas là pour entretenir la haine, non plus que l'amour, qui empoissent l'une et l'autre, mais pour alimenter l'impératif catégorique de séduction, laquelle glisse sans compromettre. En passant d'une sphère à l'autre, nos chemises blanches ont perdu leur col dur, normes et vêtements allant de l'engoncé à l'émancipé, du compassé au flottant. Et de l'habit noir, couleur protestante, nordique et bourgeoise, aux tissus de couleurs

d'avant la Réforme, qui disent à nouveau la joie de vivre
et de séduire. Hugo, Pasteur, Lavisse : les pilotes de
l'espèce humaine, dans la graphosphère, portaient redin-
gote, pâleur, et barbe blanche, c'étaient des hommes d'âge
et de pensée, sans carnation, bustes de plâtre sonores et
ambulants. Nos héros sans rugosité, dématérialisés par
l'électron c laqués par les chefs électriciens, n'ont curieusement pas plus de chair que les glorieux d'hier. Leur
corps innocent et léger, image pieuse pour temps agnos-
tique, est encore un euphémisme, quoique plus pigmenté
et coloré. Ces joggeurs sans jambes, ces bosseurs lisses et
sans sueur sont à nos lourds aînés ce qu'est le plastique au
plâtre, l'opérette à l'opéra, ou le sport à la guerre.

Allégement, abstraction par l'image fluide à deux
dimensions, qui favorise l'apaisement des joutes civiques.
La vidéopolitique peut ainsi rêver devenir le prolongement non plus de la guerre mais du sport par d'autres
moyens (faire « un bon score », « marquer un point », etc.),
comme il sied à la Cité électronique où la vie doit être
sans gravité et le sérieux, sans conséquence. On sait que
nous avons pour religion universelle le sport, et pour
messes solennelles les J.O. d'été ou d'hiver, ou le Mondial
de foot, gaspillages organisés. Il y a, à cela, des raisons
techniques, bien sûr. Un stade est un espace abstrait, un
champ de vision à la fois ouvert et circonscrit (décor anonyme, partout semblable et donc mondialisable). Le
temps de jeu est aussi un temps abstrait, soustrait à l'ordinaire des travaux et des jours, comme celui de la fête ou
du rite, mais avec des aléas et des enjeux autrement capti-
vants. La compétition sportive est un drame (rien n'est
joué d'avance) mais pas vraiment dramatique (les perdants
ne sont pas des vaincus). Guerre blanche, entre deux

armées, avec drapeaux et uniformes, une rencontre internationale est plus qu'un amusement et moins qu'une tuerie (pas de victimes). Elle s'inscrit dans une durée intem-
porelle (car non cumulative). C'est une affaire rentable
mais où l'argent reste en coulisses. Au-delà de ces avantages de représentation, cette sauvagerie bien tempérée
(mais non exempte d'accidents), programmable et codi-
fiée, assignée, contrairement aux vieilles opérations militaires (mais non aux modernes débarquements, dont
l'heure et les plages sont fixées par des contraintes
d'antenne) à des sites repérés d'avance et des horaires précis, constitue un point d'équilibre entre le trop de réel que
serait une vraie guerre terrestre et le pas assez qu'est la
Roue de la Fortune. Le match de foot réveille la préhistoire qui dort sous l'actualité : la houle rouge et noire des
tribus sous la rumeur des supporters massés sur les gradins.

La vie sans gravité, qu'est-ce, au fond, sinon ce mensonge : la vie sans la mort ? Vidéo, vie-déesse : la divinisa-
tion du vivant s'autorise de l'éternel présent du *live*.
Jusqu'où et jusqu'à quand ce fragile décor fera-t-il illusion ? Nul ne le sait, car la vidéopolitique est une invention assez récente. Faite de plus de morts que de vivants,
la République en différé des Inscriptions et Belles-Lettres
était secrètement nécrophile. « Lorsque nous dormirons
dans l'attitude / Que donne aux morts pensifs la forme du
tombeau » (Victor Hugo). Aux grands hommes, la Patrie
reconnaissante dressait des statues dans les squares,
cadavres euphémisés. Bichonnant l'éloge funèbre et le
transfert des cendres, collectionnant les moulages,
masque et main, les photos de profil des macchabées
illustres, elle tenait qu'un mort est par principe plus beau

qu'un vivant. Vue de loin, la IIIe République ressemble à une entreprise de pompes funèbres organisant chaque semaine une montée au Panthéon des éièves en blouse grise alignés derrière un corbillard d'argent. « Aujourd'hui, le 5 Charlemagne... » En quoi la Laïque prolongeait la Chrétienté avec ses gisants, son calendrier des saints et ses religieuses-qui-se-baignent-tout-habillées. La Démocratie du direct, en revanche, est biophile. Les droits de l'embryon, les bébés-éprouvette et les greffes d'organes la font plus rêver que les mânes des ancêtres et les reliques des fondateurs. Elle a le lyrisme du nouveau-né, non de l'Ancien, et l'art d'être maman est devenu plus électoral que l'art d'être grand-père. Notre éthique collective se détourne de l'Histoire et des mythes d'origine pour fixer la Vie physique et fouiller ses sources : procréation médicalement assistée, stimulation ovarienne, séquençage du génome humain. Un peuple, c'est une durée, dont le fil conducteur est plus culturel que matériel. L'âge des démocraties sans peuple accroît la sensation physique de l'éphémère parce qu'elle rabat le temps collectif sur le laps de temps d'une vie individuelle. La graphosphère était moins anxiogène car plus assurée de sa profondeur de temps. À la fin des fins, la légère loi de l'instant est plus funèbre que le temps immobile.

Le plus inquiétant dans la vidéosphère, cette façon de biologiser la vie des hommes, n'est-ce pas aussi le plus inconsistant ? Elle court le risque de rétrécir l'humain, en inversant les grandeurs relatives de l'âme et du corps, mais il n'est pas si facile d'évacuer toute intériorité. Sans doute, le vivant comme tel est inhumain, ou plutôt n'est-il pas marié avec l'humanisme. Le végétal et l'animal suffisent à faire une biosphère. Aliénation pour aliénation, il faudra bien choisir un jour entre une religion de l'Humanité qui dort dans le culte des morts (ce rituel un peu guindé qu'Auguste Comte proposait à la République des imprimés) et cette extase paradoxalement suicidaire que l'indice omniprésent a logé au cœur de l'esprit public : le culte de la vie pour la vie.

L'INDICE : LA COURBE ET LA COURSE

L'indiciel n'est pas une chose, mais un paradigme et une tendance : dans la réalité, il n'y a que des indices imparfaits. D'une invention à l'autre, les techniques de reproduction améliorent l'indicialité des traces. L'image virtuelle en relief sera demain une nouvelle progression dans cette courbe asymptote vers le fac-similé. La télé est déjà plus indicielle que le cinéma, qui l'était plus que l'image fixe (un chien photographié ne court ni n'aboie). Le visuel n'est pourtant qu'une sphère parmi d'autres de l'Indice. Le phonographe a appliqué au son, peu de temps après, la même procédure miraculeuse que la photographie pour les formes : la survie par l'embaumement. Le rendu sonore du C.D. est plus indiciel que le microsillon, qui l'était plus que le 78 tours. Le poème dans la bouche d'un récitant est plus indiciel qu'un poème-figure de *Calligrammes* qui l'est plus qu'un poème en lignes d'*Alcools*. Un rêve aussi, par rapport à la rêverie. Une caresse est plus indicielle qu'une déclaration d'amour, un cri qu'une parole et l'oral que l'écrit. Mais la peinture, à son tour, est plus indicielle que la littérature, tout en l'étant moins que le cinéma. Une *exposition* Matisse est moins symbolique que le *catalogue* Matisse, qui l'est cependant moins qu'une *thèse* sur Matisse. Un tract électoral avec la photo en grand d'un candidat souriant et quelques lignes de sa main autographiées en dessous (comme une lettre manuscrite adressée individuellement à chaque électeur) est plus indiciel (ou moins symbolique) qu'un long programme typographié recto verso, flanqué d'un minuscule Photomaton sous un sigle abstrait. La charité est plus indicielle que la Justice, une église catholique qu'un temple protestant, un crucifix qu'une croix, et *Globe* que *Témoignage chrétien*. Ou un jeu vidéo qu'un jeu de cartes. L'indice, on le voit, est plus vendeur ou plus porteur que l'icône, et *a fortiori* le symbole[1]. Plus qu'un dénominateur commun, l'indiciel est une dynamique qui conquiert tous les domaines d'une société. Comme la médiasphère est englobante, la tendance est transversale aux catégories et aux dignités. C'est un bain chimique qui déteint sur tous les objets en lui immergés. Trempée dans la vidéosphère, l'austère Sorbonne elle-même voit ses amphis, l'espace d'une « Cité de la réussite », transformés en plateaux, avec logos, sponsors, « meneurs de jeu » venus de la télé et « trois minutes pour chaque intervenant ». L'écrit, il est vrai, ne se confond pas avec le livre, et la régression du livre n'empêche pas la progression des supports presse, magazines, prospectus, etc. Mais ce n'est plus la même presse. Elle se colore et se rythme. C'est devenu une annexe du visuel plus que de l'imprimé classique. Le journal, objet physique, regarde plus vers la télé que vers le livre, et se survole plus qu'il ne se lit (une page de magazine s'appréhende déjà comme une surface

---

1. Daniel BOUGNOUX, *La Communication par la bande*, Paris, La Découverte, 1991, ainsi que « Indice énergumène dans le poème et sur la scène », *Crise de la représentation. Recherches et travaux*, n° 43, université Grenoble III. On doit à Bougnoux les premières cartes de cette *terra incognita*.

d'écran). La lecture du livre elle-même, de linéaire, devient visuelle, et on feuillette comme on zappe. La contagion du modèle est une irradiation longue et d'autant plus active qu'elle échappe à la logique des mots (c'est sa fonction même). En règle générale, plus la science *symbolise* les données sensibles, plus notre culture renchérit dans *l'indiciel*. Elle refabrique de « l'état sauvage » tous azimuts, ceci compensant cela. L'enfant est plus indiciel que l'adulte, et le parler bébé que la parole articulée. Indice, enfance, plaisir, inconscient et pub sont synonymes. L'infantilisation du consommateur, entretenue par la plupart des « communicants » mais soutenue en profondeur par l'extension du temps libre *et* l'abstraction croissante du monde techno-scientifique, nous rappelle que cette régression indicielle est le complément compensatoire de la progression symbolique.

La course à l'indice, aux deux sens du mot, est une montée san fin, comme le montre la croissante cruauté du « théâtre » politique, avec le toujours plus de crédibilité qu'en attendent les acteurs (pour être cru, soyez de plus en plus cru).

Le Président lui-même a fui la lourde Mitchell pour la Betacam à l'épaule. « Images inédites et exclusives. » « Pendant sept semaines, notre équipe a vécu avec le chef de l'État. » « Rentrez avec nous au Conseil des ministres. » L'intervieweur du Président pose une fesse désinvolte sur le coin de son bureau. Entre branchés, on se tutoie presque. Quant au ministre, le voilà dans sa cuisine. Il embrasse sa femme sur la bouche, joue avec son caniche, accueille sur le perron ses gamins au retour de l'école, pousse le soir la chansonnette et joue du saxo au milieu des copains. S'il faut encore « parler politique », à l'ancienne, ce sera dans un « talk-show » avec des anonymes. Ou alors autour d'une table, comme un directeur de l'information avec des copains et copines du service politique, en piquante complicité.

Mais bientôt, *American circus* oblige, « la transparence aide à mieux vivre », le chef de l'État-vidéo nous murmurera en confidence ses « problèmes de couple » et les traumas homosexuels mal surmontés de son adolescence : record d'audience, cote de popularité au plafond (malgré les grincheries de la presse écrite, largement impopulaire et sans importance statistique). Le cri primal, alors, ne sera plus loin. Implacable surenchère du voyeurisme, escalade de la concurrence indicielle. L'empereur n'assiste plus, du haut d'une tribune, aux jeux du cirque. Cela, c'était « haut et bas ». Le *in* et *out* change les règles du *panem et circenses*. Le *princeps* démocrate doit descendre *dans* le cirque et payer de sa personne, toujours plus fort. Séduire à mort – au risque d'en crever soi-même. Car l'arène est bondée, et c'est son chemin de croix. Chanteurs, gladiateurs, promoteurs, guérisseurs, grands témoins et saints laïques, quel boucan. Dans ce capharnaüm désobligeant, comment se faire remarquer ? Quel coup fumant pourra encore toucher nos yeux et nos oreilles blasés ? Dans la vidéosphère française, où il faut être constitutionnaliste pour voir dans la Ve République « la restauration d'un Exécutif fort », le Prince n'est jamais que le premier des esclaves. Il est toujours loisible à l'artiste, au philosophe, à l'écrivain de s'exiler ou de parier sur l'Œuvre contre l'Événement (chez nous Gracq ou Rezvani, Balthus ou Rosset ont pris le risque). Le politicien doit occuper le terrain, jour après jour, ou disparaître. Donc, en passer par la Machine, devenir l'outil de ses outils de diffusion. La souveraineté de l'indice met le meilleur au niveau du médiocre.

Rappelons-nous la riche ambiguïté du terme « public » dans l'ancien français. Au XVIIe siècle, il désignait le peuple ou « l'ensemble des sujets », mais aussi les spectateurs d'une représentation théâtrale ou les lecteurs d'un livre. Comment assiste-t-on à une comédie, à quelle distance et avec qui, sous quels éclairages; comment lit-on un livre, seul à voix basse ou bien récité en public; peut-on ou non sauter d'une chaîne à l'autre, à distance : questions triviales à portée civique longue. En amont du comportement politique, il y a l'imaginaire social, mais en amont de ce dernier il y a les machineries du loisir. Tout montre une concomitance entre l'évolution des techniques de diffusion, des pratiques culturelles et des mœurs politiques. Les nouvelles hiérarchies gouvernementales répondent aux nouvelles hiérarchies artistiques. Les arts qu'on pourrait appeler d'intérêt national parce que codés par une langue (théâtre, littérature, poésie) s'effacent devant les arts d'intérêt mondial parce que linguistiquement non codés (musique, danse, visuel en général). C'est dans tous les domaines que le symbole perd de sa compétitivité face à l'indice. Traduction du déclin symbolique, le recul avéré de la lecture (baisse du tirage moyen dans la plupart des catégories, érosion des « gros lecteurs », désaffection des jeunes pour le livre, etc.) a fait de la consommation audiovisuelle le premier poste de l'emploi du temps du citoyen, la principale activité humaine en dehors du sommeil. Un État qui n'occuperait donc pas le petit écran perdrait « le contact » (avec des télecteurs qui ont peu de chance de lire le *Journal officiel*). Mais le télecteur de 1990 n'est plus captif d'un programme ou d'une chaîne comme en 1960. Magnétoscope, télécommande et baladeur sont des réformateurs politiques, et nos plus humbles manipulations quotidiennes répercutent sur la solidité de nos convictions. Éclectisme partisan (ou musical), volatilité du vote (ou du regard), zapping électoral, le citoyen a aussi la politique de ses appareils.

LES IMAGES D'ÉTAT : L'EXCEPTION FRANÇAISE

En France, les questions médiologiques sont toujours une affaire d'État parce que l'État fut plus (consciemment et amplement) qu'ailleurs une affaire médiologique. Graphosphère et vidéosphère sont des « structures abstraites » – ce qu'est par définition tout outil d'intelligibilité –, dont il va de soi qu'elles « changent de poids et de sens selon les lieux et les contextes nationaux » [1]. La transition d'une ère à l'autre a bénéficié chez nous d'un éclat particulier car ce pays offrait le meilleur exemple de l'État à texte (comme on dit : la chanson à texte). C'était le plus livresque ou le plus fortement symbolique des États européens. La Révolution française fut la seule à se donner « une politique de la langue » (Michel de Certeau), mais elle fut elle-même une langue faite politique. « L'histoire n'est pas notre code » – la fameuse interjection du Constituant de 89 – admet pour traduction : le dicton ne vaut pas texte. Opposant aux bigarrures de l'oralité aristocratique et paysanne les normes unitaires du Droit écrit, la langue

1. Selon les termes de Marc FUMAROLI, « Dictature de l'image ? », *Le Débat*, n° 74, mars 1993, pp. 3-21.

nationale aux patois locaux, le département à la province, la loi aux coutumes et le système métrique aux à-peu-près du pied, du pouce ou de la pinte, une, laïque et indivisible, la République jacobine fut mobilisée, modélisée par les logiques à angle droit de l'Écrit. Le registre fait peuple, le tableau par rangées et colonnes fait production, la Raison universelle faite État, la géométrie faite patrie : Robespierre et Napoléon, chacun à sa manière, ont partagé ce rêve de savant, éminemment, compulsivement, cruellement symbolique. Tous deux furent les bras armés de « la Raison graphique », la Page imprimée étendue par force au pré carré, puis à l'Europe entière. L'auditoire éphémère et local est le pivot de la transmission orale (maintenant audiovisuelle) mais le dépôt livresque satellise le lecteur autour du Livre, point fixe altier et stable, comme Paris satellise les provinces, l'universel les particularités, ou la République « positive » ses colonies « théologiques ».

L'État livresque fut plus qu'aucun autre un État théâtral, un État à thème qui se met en scène. Gardons-nous d'opposer spectaculaire et scripturaire. Ce qui est donné au spectacle n'est pas soustrait au langage. Le sommet de l'État-spectacle que fut le siècle du Roi-Soleil fut aussi un sommet de langue, et tous les arts visuels du Grand Siècle (statuaire, peinture, gravure, tapisseries, monnaies, etc.) étaient sous commande discursive. Comme la comédie-ballet, le ballet de cour louis-quatorzien met en valeur un livret composé pour lui, sans lequel il ne se conçoit pas. Les monuments français du XVIIe siècle sont des allégories de marbre, et les jardins, des rhétoriques de verdure. On peut être le « roi des revues », choisir soi-même l'étoffe, la couleur et la coupe des costumes de cour, battre l'entre-

chat trois comme personne, et prendre Racine pour historiographe [1]. L'environnement réglementaire de l'image et
du son, plus restrictif en France aujourd'hui encore qu'en
Italie ou au Royaume-Uni, pour ne pas parler des États-
Unis, remonte aux origines de l'État français. La monarchie absolutiste (et dans la foulée la Révolution et
l'Empire) n'eut pas moins que l'Église romaine un soin
méticuleux des industries de l'imaginaire. Rien de ce qui
pouvait frapper la vue et les oreilles ne leur resta étranger.
Le Grand Roi ne laissait même pas à son surintendant le
soin de nommer ses historiographes. Il pensionne ses aca-
démiciens, choisit ses fables. Il contrôle ses peintres
comme il surveille la librairie, le théâtre et le courrier.
Henri IV, Louis XIII, Louis XIV ne se font pas représenter par hasard ou seulement par goût en Apollon, en Her-
cule, en Jupiter. L'héroïsation par l'image – tableaux
mais aussi et surtout monnaies, médailles, tapisseries, gra-
vures, almanachs – répond à un programme. Face à
l'imprimerie et à l'estampe, moteurs de propagande mais
aussi facteurs de risque, Henri II et Charles IX avaient
déjà institué des monopoles et des délégations de pouvoir
pour tout ce qui avait trait à l'effigie du Prince. L'imaginaire public fut ensuite quadrillé, *via* les *académies*, les
manufactures et autres ateliers de gloire. L'édit de 1691
stipule : « Il n'appartient qu'aux rois seuls de faire des
maîtres ès arts et métiers. » « La monarchie française
l'emporta sur toute autre dans l'organisation et le contrôle
de la production des signes du roi, pendant le ministériat
de Colbert précisément. Cette production fut décidée,
pensée et réalisée par des organismes d'État spécialisés et

---

1. Jean-Marie Apostolidès, *Le Roi-machine...*, 1981 (voir Bibliographie).

hiérarchisés [1]. » Tradition à longue portée, que la première et deuxième République ont repris à leur compte,
comme en témoigne l'accueil particulier que la France fit
à la photographie.

Au XIXe siècle, l'Angleterre a débouté les demandes de
Wedgwood et Talbot. Ce dernier, inventeur du *calotype*,
permettant de tirer un nombre illimité d'épreuves sur
papier à partir d'un négatif unique, avait réussi dès 1835 à
combiner l'empreinte chimique et la chambre noire. La
France, en revanche, a voulu signer officiellement l'acte
de naissance de l'image industrielle, en accordant par loi
une rente viagère à Daguerre et au fils de Niepce (décédé
en 1838) et en présentant le procédé, par le truchement
d'Arago, à l'Académie des sciences de Paris. En achetant
la découverte et en s'en faisant le propagateur, l'État a fait
tomber l'invention dans le domaine public. En 1839, une
politique a épousé une technique. Dans quel but ? Pour
en tirer bénéfice à la fois comme nation industrielle (en
narguant l'Angleterre sur son terrain) et comme soldat du
Progrès universel. Dès 1849, le ministère de l'Instruction
publique lance les « missions photographiques », destinées
à dresser « une encyclopédie universelle de la nature, des
arts et de l'industrie ». Il envoie à ses frais Maxime du
Camp en Orient, en compagnie de Gustave Flaubert
(« admirable époque, note ce dernier en 1853, que celle
où l'on décore les photographes et où l'on exile les
poètes »). Une machine capable de faire tenir « l'univers
dans un album » ne pouvait pas laisser insensible un État
qui avait autrefois patronné la *Description d'Égypte* aussi

---

1. Gérard Sabatier, « Imagerie héroïque et sacralité monarchique » (voir
Bibliographie).

bien que l'Image d'Épinal [1]. Mais tel est pris qui croyait prendre. L'État-Nation de la graphosphère s'est jeté, s'est projeté plus qu'aucun autre, et le premier, sur la toute neuve photographie comme sur sa proie. De simple curiosité, elle est devenue avec le temps, portée par le dynamisme de l'imprimé, transportée par l'essor de la presse populaire (Émile de Girardin, 1836), surmultipliée par l'infinie « reproductivité » du papier, une force mondiale dévorante. Et la petite machine, par descendance interposée, est finalement venue à bout du grand appareil moral et politique.

L'ÉCRAN-FILTRE OU LA SÉLECTION NATURELLE

Changement de « niche », changement de mœurs. Nouvelle écologie des images, nouvelle raison d'État, nouvelle sélection du personnel politique. Nouveauté toute relative, bien sûr, puisqu'elle couronne un long processus d'inventions. La télégénie parachève sur un mode normatif ce que la photogénie avait inauguré sur un mode pittoresque.

Constatant « le comble de la monomanie égotique » à laquelle conduisait « cette hallucination qui ne doute pas d'enlever le suffrage de tous les cœurs par la présentation de pareils museaux », Nadar à la fin de sa vie demandait : « S'il eût prévu le dernier coup de pied de son application, Niepce n'en eût-il pas reculé ? » Les physiciens nucléaires après 1945 se sont posé ce genre de question sur la bombe ; elle est fréquente chez les promoteurs du déve-

---

1. André ROUILLÉ, *La Photographie en France...*, 1989, p. 122 (voir Bibliographie).

loppement technique. Écoutons Nadar déplorer la mas-
culinisation de la coquetterie induite par sa petite
machine. « Veut-on contempler l'infatuation masculine
poussée jusqu'à la folie ? Quelle démonstration plus expli-
cite, cette inexplicable inconscience de certains candidats,
politiciens professionnels qui ont imaginé, comme
suprême, décisif moyen d'entraîner, d'adresser à leurs
électeurs leur photographie, leur propre image de marchands de paroles ? Quelle vertu d'attraction ces gens-là
peuvent-ils donc supposer en leurs visages honteux où
toutes les bassesses, toutes les laideurs humaines
s'arborent [1]... »

Ce virginal effarouchement fait sourire. En fait, la photographie a à la fois accompagné et accéléré l'avènement
du *moi* dans l'âge démocratique. Dans le personnel dirigeant, la « coquetterie » est devenue vertu, un enseignement rémunéré, « stages » et « formation ». Et l'indécence,
une obligation professionnelle. Quand le haut et le bas
fusionnent avec le *in* et le *out*, *to be or not to be* signifie :
dans le champ ou hors champ. Être ou non dans le cadre,
combien de temps et avec quel effet. La graphosphère
tendait à dissocier « arrivisme » et « exhibitionnisme ». Il
fut un temps où se mettre en avant était une marque de
grossièreté rédhibitoire, où la distinction s'affichait dans
l'effacement (non sans ostentation, parfois). La Betacam
portable et le direct ne permettent plus la pose dans un
lieu spécialisé et la fatuité studieuse. Elles imposent,
outre l'alerte permanente, l'excellence dans le jeu de
jambes et de coudes pour triompher des bousculades et se
placer dans le champ de la caméra, sous le bon angle, à

---

1. Félix NADAR, *Quand j'étais photographe*, Paris, Flammarion, 1900
(reprint Éditions d'Aujourd'hui, 1979)), pp. 133-135.

côté ou juste derrière la cible principale, Président, ministre, conseiller ou candidat. Les tennismen sont avantagés, et les golfeurs. Esprit d'équipe nuisible (le petit écran est trop petit). La pratique des sports collectifs donne à cet égard de mauvaises habitudes.

L'École nationale d'administration a les avantages et les inconvénients du bon moule à gaufres, mais au moins forme-t-elle le clerc d'État d'après des critères « intellectuels ». Que l'E.N.A. accouple compétence et conformisme, et produise assez souvent des esprits d'une navrante inculture (philosophique, historique, littéraire), à faible capacité de recul et de jugement personnel – n'empêche que le critère du concours reste la pire des sélections à l'exception de toutes les autres. Cette école est un pis-aller que les pays voisins ont raison de nous envier. D'honnêtes professionnels de la gestion dotés du sens de l'État suffisent à la haute fonction publique. Dans ce vivier de demi-finalistes, sélectionnés par l'écrit, les trieuses de la vidéosphère sépareront bientôt les demi-habiles qui devront avancer dans l'ombre, quel que soit leur rang de sortie, en qualifiant les autres pour la visibilité sociale. Séparation des « administratifs » et des « politiques », des spécialistes et des généralistes, deuxième tamis sélectif.

Le remplacement aux premières loges de l'homme de lettres par l'homme d'image refait les silhouettes autant que les conduites [1]. Beaucoup plus sévère que la photogénie d'antan, la télégénie recommande le visage agréable et la parole aisée (faconde, gouaille, bagout, à-propos). Elle se satisfait de l'un ou l'autre, mais seule la réunion

---

1. À gauche, on passe du profil Léon Blum au profil Tapie. À droite, du profil Poincaré ou Pompidou au profil Giscard ou Léotard.

des attributs sera consacrée. Au nouvel homme moral correspond un homme physique, et l'ensemble fait une nouvelle « race » d'animaux politiques : ouverte, franche, concrète, dynamique, relationnelle, chaleureuse, simple, souriante, au parler vrai, etc. On a reconnu « l'anchorman » (ou woman), idéal type et concurrent de l'homme public. L'identité des pratiques rivales fait celle des physionomies et des psychologies. Cette parenté zoologique (eût dit Balzac), ou une communauté d'instinct médiologique, produit un milieu de sociabilité assez exclusif, désigné comme « classe politico-médiatique ». Entre membres que tout oppose politiquement, « le courant passe », mêmes signaux et même flair. Mais un individu appartenant à l'espèce et classé comme « homme de gauche » ne trouvera rien d'intéressant à dire à un autre « homme de gauche » qui n'en est pas (« c'est curieux, on se parle et on ne se comprend pas »). On dit de deux individus qu'ils appartiennent à la même espèce lorsqu'ils sont interféconds (l'âne et le cheval, par exemple). Le politique et le médiatique font des enfants parce qu'ils ont « des choses à faire ensemble » (et non l'inverse). L'interfécondité explique ce que le technicien nomme « interopérabilité » des systèmes ou le sociologue « internuptialité » (le ministre et la journaliste convolent en justes noces, mais le mariage d'un jeune député avec une jeune professeur de latin-grec augurerait mal de sa carrière future). Elle s'exprime plus banalement dans ces dîners en ville où le jeune loup « quadra » régale à sa table deux ou trois vedettes de l'audiovisuel et de la chanson (plus d'universitaires dans le dîner utile). Plus on monte vers les sommets élyséens, plus dense est la proportion du show-biz dans les entourages. Le véritable homme de pouvoir a pour copains et copines tout ce qui a sa photo dans *Lui* et *Match*. Ce n'est pas une preuve de frivolité mais de sérieux extrême et très proprement politique.

L'espèce a un point commun : le regard égotiste (qui l'unifie tout en la divisant, mais le principe de sa concurrence interne lui est au moins commun). Regard de soi sur les autres (je suis le centre du monde, qu'ils me rendent cet hommage). Regard des autres sur soi (que serais-je sans eux tous ?). Qui rallie les regards rallie les suffrages. L'ego privé de chacun est constitué et mesuré par le regard que le public porte sur lui : travers ancestral du comédien, « histrion » attitré et « cabot » pardonné, que les réseaux de transmission ont enflé en mégalomanie très ordinaire et étendu bien au-delà des professions du spectacle. La communauté des egos sans projet commun, poussée au paroxysme dans le show-biz et le top-media, déteint sur l'État patchwork.

Le tête-à-tête fasciné de l'officiel et du journaliste, dont la table d'écoute est une variante parmi d'autres, met hors service un ancien premier rôle : le militant. Le dévoué camarade de base, liseur et questionneur, crédule et croyant, sans surface sociale ni relations utiles, la bouche et les poches toujours pleines de bouquins, motions de congrès, programmes du Parti, extraits des discours « d'avant » – bref, la personnalité militante classique –, est devenu un repoussoir. L'art du dirigeant : savoir l'utiliser avant, savoir le fuir après (chaque élection). D'en bas, la vue est renversée. Les « pas présentables » qui avaient « porté notre Parti au pouvoir » par des années de porte-à-porte et de réunions (où leur présence était vivement souhaitée) n'en reviennent pas de voir habiles et notables, leurs voisins, qu'ils n'avaient jamais vus militer dans les

années sombres et qui ne leur destinaient alors que sar-
casmes et quolibets, à eux naïfs militants, occuper peu
après la victoire toutes les places, emplois, gradins, anti-
chambres, salles à manger, tandis que leurs lettres à eux
restent sans réponses et que les Palais nationaux se refer-
ment sous leur nez. *Exeunt* les travailleurs sociaux, place à
« la société civile » : celle qui, se voyant à la télé et s'entendant à la radio, a une voix et un visage pour tout le monde
(un millier de V.I.P. sur cinquante millions de Français).
Ceux qui furent à la peine électorale, sur le terrain, ne
seront pas à l'honneur à Paris, dans l'État des images.

En vidéosphère, sous toute personne *en vue*, il y a un
ministre potentiel. Aux yeux de l'État médiatisé, la réussite médiatique vaut pour certificat d'aptitude professionnelle, et comme le désir mimétique faisait le grand
amour de 1880, le regard mimétique fait la grande carrière de 1980. L'État « in » s'est ainsi rallié au culte de « la
société civile », dont le prestige intellectuel joue d'une
homonymie. Hegel, qui a transformé cette formule née
au xvie siècle en concept-phare du xxe, entendait par ce
terme « la différence qui vient se placer entre la famille et
l'État », l'univers de la richesse ou le système des besoins.
Dans la pratique, il ne désigne plus la production anonyme des richesses (biens et services), mais la reproduction individuelle des notoriétés. La compétence professionnelle, chacun le sait, n'est plus compétitive face à la
légitimité médiatique. Voit-on beaucoup d'industriels ou
d'anciens « producteurs » dans les gouvernements ?

L'opposition société civile/État (leitmotiv des dernières
décennies) n'est pas sans évoquer le mythe populiste
« petits contre gros », « ceux d'en bas » contre « ceux d'en
haut ». Le chic de la première antinomie ne doit pas peu

de son succès à la grossièreté de la seconde. Quiproquo immérité. On entend en fait par « société civile », les élites dirigeantes, et par ses « représentants », les individualités qu'ont sélectionnées en leur sein les médias, nouveaux agents de classement politique et social. Les célébrités sont des privilégiés « pop », mais ils sont plus « people » que « peuple ». Ils sont le spectacle du peuple.

Dans l'ancienne France, la « vénalité » des charges donnait à la richesse l'accès aux emplois publics. Les offices étaient à leur tour sources de revenus. On pouvait les léguer à ses héritiers et les nouveaux titulaires étaient bientôt anoblis. Dans la France nouvelle, on achète une place, un parti, un ministère, une commission, un établissement public, avec sa réputation, et la place occupée permet en retour d'accroître sa visibilité (comme jadis sa richesse). En ce sens, c'est la télé qui fait l'État (du moins ses hauteurs), non l'inverse. On achète, ou plutôt on vend à un gouvernement, non sa compétence (accessoire) ni même sa personne (la plupart n'en pensent pas moins), mais son image. Et on en reçoit en retour un surcroît d'images. Le progrès consiste en ceci que la notoriété médiatique n'est ni héréditaire ni irrévocable (on peut la perdre en perdant sa place, alors que l'office judiciaire ou financier passait dans la famille). La fortune jadis ouvrait les portes du service du Roi, lequel en retour anoblissait la fortune. La visibilité ouvre les portes du service de l'État, qui conforte en retour la première. On n'affirme plus les finances royales, on aliène la chose publique, *via* « les emplois à disposition du gouvernement », à des vedettes qui ont loisir d'en faire une entreprise privée de relations publiques (chaque direction administrative du ministère ou de l'établissement public devenant le service de presse personnel du ministre ou du président).

Quoique de rang inférieur, la noblesse de robe s'était
alliée à la noblesse d'épée à laquelle elle succédait. La
noblesse d'écran, notre nouvelle « caste spectaculaire »,
s'allie aujourd'hui à la noblesse d'État et de Parti, qui lui
reste en principe supérieure. Loi des ascensions sociales :
le chasseur s'allie avec le chassé. Le premier, pour imiter
et apprendre ; le second, pour retarder sa fin. Tel parti
politique épouse une vedette pour se renflouer, comme
jadis un grand nom désargenté, une fille de marchand ou
de fermier général.

On voit ainsi se développer un phénomène de double
secteur dans les sphères étatiques, comme dans le livre ou
le théâtre : un secteur subventionné (faute de public), un
autre commercial, car rentable. Le premier secteur cor-
respondrait ici à une administration professionnelle,
recrutée par formation, mais avec des directeurs d'administration de plus en plus recrutés par obédience. Et le
deuxième, à la couche visible des « responsables », présidents et patrons, recrutés au sein de « la société civile »,
par l'image et le compte en banque. La sélection par
concours (procédure mandarinale importée de Chine par
les jésuites) reste de mise pour le corps des administra-
teurs civils, qui iront grossir les administrations de gestion ; la sélection clientélaire ou partisane, pour ceux
qu'on mettra à la tête des administrations de mission.
Mais la considération de la nouvelle société, et donc des
sommets de l'État, s'est détournée de la Haute Administration dans son ensemble, obscure, taillable, corvéable et
punissable à merci, au profit des parvenus de la dernière
heure, les anoblis de l'image. Ces derniers supplantent
peu à peu dans nos diverses hiérarchies les parvenus de la
rhétorique d'hier (juristes, normaliens, tribuns, etc.),
l'ancienne noblesse des mots.

II

DE L'ÉTAT ÉCRIT
À L'ÉTAT ÉCRAN

À chaque médiasphère correspond en Occident une machine cruciale de transmission : l'Église, l'école, la télé. La logosphère avait produit le souverain fabulateur. La graphosphère a engendré l'État éducateur ; la vidéosphère, l'État séducteur. Pour l'orgueil de l'État, l'histoire des techniques de transmission est une leçon d'humilité.

Personne n'a jamais vu un État. Ni à l'œil nu ni au microscope, ni en photo ni d'avion. Ce n'est pas une chose, comme un territoire ou une portion d'océan. C'est un certain rapport entre les hommes qui rend le droit de commander indépendant de la personne du commandant. Une collectivité est régie par un État lorsque le lien de soumission d'homme à homme est remplacé par une subordination de principe. Cette dépersonnalisation de l'obéissance crée l'institution, avec son double impératif de *légitimité* (le chef est plus qu'un soldat heureux) et de *continuité* (les chefs passent, l'autorité reste). La violence peut accoucher d'un pouvoir de fait, mais elle ne peut ni susciter ni perpétuer à elle seule le consentement. Ce dernier suppose une « domination symbolique » (Weber), par laquelle les assujettis incorporent les principes de leur propre sujétion. Cette adhésion rend l'autorité « naturelle », laquelle rend en retour l'adhésion obligatoire. Bien que l'institution étatique reconduise des rapports de force matériels, à enjeu économique le plus souvent, elle fonctionne en elle-même comme un phénomène de croyance.

C'est précisément parce que l'État est en lui-même invisible et inaudible qu'il doit à tout prix se faire voir et entendre, par métaphores. Se signaler à l'attention de tous par des signes convenus, observables et tangibles. Sans cette signalisation, la croyance n'aurait ni objet ni relais. Pour le médiologue, au plan de réalité qui lui est propre, l'État peut s'étudier comme *un vide sémaphorique* : un mirage de signes. Enseignes, sceaux, médailles, emblèmes, armoiries, timbres – ces marques témoignent de l'apparition, aux yeux de l'historien, où que ce soit dans le monde, de quelque chose comme un État. Cette étrange personne morale doit d'autant plus attirer les regards qu'elle n'est rien (de positif ou de manifeste). La population d'un État se trouvant éparpillée sur un territoire plus ou moins vaste, les symboles doivent être diffusés, échangés et régulés à travers l'espace. Ce qui fait en Occident de l'État, juste après l'Église, un précurseur et un innovateur en matière de transport et de transmission. L'élément spirituel ne devient force matérielle qu'en nous rentrant dans les yeux et les oreilles. C'est le spectacle de l'État qui fait l'État, comme le monument fait la mémoire. État et spectacle (fête et cérémonie, selon les degrés d'implication décroissants du public) sont des termes redondants. Un État qui ne donnerait rien à voir et à entendre, sans rituels, monuments et documents, serait pire qu'un roi sans divertissements : un néant. D'où la frivolité des dénonciations en vogue de « l'État-spectacle ». Ce sont les modalités du « spectacle » qui seules font époque et sens.

Dans les faits, l'histoire audiovisuelle de l'État sera surtout visuelle (à cause de l'évanescence des chants et des paroles avant les techniques d'enregistrement du son). Mais discours, textes et images devant circuler pour devenir opérationnels, l'histoire descriptive et statique des signes du pouvoir, l'histoire des historiens, est incomplète sans l'étude des moyens de transmission de ces signes, l'histoire des médiologues. Car *une logique de domination est toujours dépendante d'une logistique des symboles*, et l'on ne peut accéder à la première sans passer par la seconde.

On peut soutenir que la télé « n'a rien changé et tout transformé », comme le disait déjà Rudolph Hirsch de l'imprimé pour les années 1450-1550. Elle n'a certes rien changé à l'obligation de persuader, propre à tout pouvoir établi, *a fortiori* démocratique. La télévision n'a ni inventé ni désinventé la rhétorique, comme exercice de la parole persuasive. Elle l'a redéfinie, comme le livre imprimé a redéfini « l'art de la mémoire », et en particulier les normes deux fois millénaires de la transmission scolaire des savoirs. L'électron et la puce n'ont ni inventé ni désinventé le faire-croire politique. Ils l'ont simplement *recyclé*. De haut en bas. Les fonctions pérennes s'adaptent aux machineries changeantes. La domination de l'homme par l'homme, seul animal symbolique de la classe des mammifères, suppose l'intervention de symboles dès qu'elle n'est plus coercition pure et simple. Le chef doit faire signe, pour gagner les esprits et les cœurs. Mais les signes ont eux-mêmes une histoire matérielle, qui décline une gamme de supports, de rayons d'action et de vitesses presque incommensurables en sorte que l'univers symbolique est modelé par l'avatar technique. Le premier ne saurait donc servir de contre-feu ou d'échappatoire au second, comme l'avait imaginé l'École de Francfort. La notion naïve et tenace d' « espace public », dans la foulée d'Habermas, oppose « l'activité communicationnelle » (définie comme « l'interaction médiatisée par des symboles ») à « l'activité technique », comme le salut à la perdition. Vieux partage hellénique ingénument modernisé par nos sociologues. D'un côté, la *praxis*, de l'autre, la *techné*. « Intersubjectivité sociale », royaume de la liberté où fleurissent la discussion et l'argumentation démocratiques, *versus* « rationalité instrumentale », empire dévoyé où la Raison est soumise à des normes utilitaires, dont les fins ultimes échappent à la discussion. Comme si la discussion publique des fins n'était pas elle-même assujettie à un ensemble techniquement déterminé de moyens (support papier, alphabétisation, poste, livres, journaux, routage, etc.). Comme si *l'Homo sapiens* n'était pas comme tel un *Homo faber*. Comme si l'exercice de la citoyenneté n'était pas conditionné par la nature de nos « réseaux pensants ». Comme si la pub du xxᵉ siècle n'avait pas mis sens dessus dessous la publicité du xviiiᵉ. Anhistorique et atechnique, l'un parce que l'autre, le modèle « espace public » apparaît comme une impasse spéculative qu'il vaudrait mieux abandonner que renouveler.

L'histoire matérielle des transmissions et l'histoire politique de la liberté sont inséparables. Dis-moi, démocratie, quels sont tes vecteurs cardinaux, et je te dirai où sont tes valeurs, ta force mais aussi tes souffrances et tes vulnérabilités. Car dans une large mesure, ces moyens disposent de toi, toi l'insensée qui crois disposer d'eux.

On voit en quoi tout État est technocrate. Il doit s'approprier ou contrôler les systèmes techniques de fabri-

cation et transport des signes. Il ne l'est pas, bien sûr, de la
même façon, sous Philippe le Bel, Louis XIV ou de
Gaulle. Les machines à fabriquer et transporter l'image,
le son et le mot changent, et lui avec. Porteur de sens par
nature et producteur de messages par fonction, il suit à la
trace les supports et propulseurs de traces. L'État du juré-
crieur n'est pas celui du télégraphe aérien, qui n'est pas
celui du télégraphe électrique, qui n'est pas celui du téléphone ni de la télévision. Ces méga-objets déterminent
des stratégies symboliques différentes. Les systèmes techniques courent plus vite que les doctrines et les lois, en
sorte que les textes doivent incessamment rattraper les
machines.

Dans la réalité, information et croyance sont liées. Pour
pouvoir lever l'impôt et une force armée, l'État doit recevoir et émettre de l'information, dans un perpétuel va-et-
vient du centre à la périphérie. Recevoir : collecter les
données sur le nombre d'hommes et la quantité de
richesses disponibles par l'enquête et le dénombrement
(processus qui va, en France, du « cabinet de Politiques et
de Finances » de Sully jusqu'à l'I.N.S.E.E. d'aujourd'hui
en passant par le « Bureau de statistiques » de Napoléon).
Émettre : faire connaître ses décisions. Le faire-croire est
pris dans un faire-savoir, et réciproquement. Solidaires
d'un même système, ce ne sont pas là deux sphères
étanches (même si on se concentre ici sur le premier
aspect, laissant « l'État informationnel » à d'autres investi-
gations plus spécialisées et notablement plus avancées).
Une remarquable étude sur « Les cérémonies de l'information dans la France du XVIᵉ au XVIIIᵉ siècle » a analysé
les entrelacements de la célébration et de l'information à
travers les différents rituels de la publication monar-

chique [1]. Les actes du roi doivent être connus de ses sujets et un cérémonial précis enveloppe ses dits et écrits, adapté aux destinataires. L'enregistrement par lecture solennelle d'un texte devant le Parlement n'est pas la criée aux carrefours. Le juré-crieur annonce à son de trompe (la trompette, instrument biblique de la puissance), et les colporteurs retransmettront de place en place (trompette et tambour ne sont audibles qu'à une lieue à la ronde). Le placard imprimé est apposé sur les murs. Les mandements épiscopaux, lus en chaire, relayent les ordres royaux comme les hauts faits d'armes, chaque évêché ou archevêché se constituant en P.C. de retransmission provinciale. Princes de l'Église comme prêtres, moines et régents sont ainsi annexés comme agents d'influence et échangeurs d'information. Le Roi apparaît donc comme une tête de réseau, organisation pyramidale du bouche à oreille aux ramifications de plus en plus fines, dont les nœuds sont répartis dans les espaces urbains de plus grande densité (carrefours, ponts, places publiques, halles, etc.). Les relations d'information n'existent donc pas en dehors de rapports imaginaires de domination symbolique, eux-mêmes liés à un état donné, rudimentaire en l'occurrence, des appareils de vision et d'audition collective.

En France, la naissance de l'État moderne semble coïncider avec la graphosphère. C'est logique si l'on se souvient que les valeurs d'universalité, entièrement indexées sur les progrès de la Raison graphique, sont apparues avec l'écriture et se sont généralisées avec l'imprimerie. La transmission orale, par nature parti-

---

1. Michèle Fogel, *Les Cérémonies de l'information...*, 1989 (voir Bibliographie).

culariste et contextuelle, ignore l'idée d'intérêt général
et l'universel abstrait de la loi. Sans doute le roi de justice (Saint Louis) avait-il précédé le roi d'administration
(Philippe le Bel). Et les premiers organes administratifs
d'un proto-État se laissent aisément discerner sur le
devers de la logosphère, aux alentours du XIVᵉ siècle
(avec l'inaliénabilité des biens du royaume, l'apparition
d'une chancellerie fixe, de la notion de lèse-majesté et
d'un corps organisé de légistes). Le mot « État » n'apparaît d'ailleurs pas au Moyen Âge sinon en latin, avec un
génitif et une minuscule (le *status* de l'Église, de
l'empire, etc.), au sens de : état des choses ou situation.
Le terme s'absolutise à la fin du XVᵉ siècle : du *status
regni*, on passe à *status* tout court. C'est à cette époque,
entre Charles V et Charles VII, qu'apparaissent les
aides, première forme d'impôt permanent (1435),
l'armée de métier (1445) et l'obligation de rédiger par
écrit le droit coutumier oral (1545, ordonnance de Mon-
til-lès-Tours). Mais c'est à la charnière des XVᵉ et
XVIᵉ siècles que s'affirme véritablement, avec la fixation
des notions de « bien commun », « commun profit » et
« utilité publique », une conscience d'État ou l'État
comme idée [1]. Le roi devient alors empereur en son
royaume (son seul empereur, c'est le Christ au-dessus de
lui). L'idée de patrie va alors déplacer l'idée de chrétienté,
et même si cette patrie est un corps mystique, tout se
passe comme si on n'allait plus mourir pour le Christ
mais pour son roi et sa patrie (Louis XI : « Je suis la
France »). L'éclosion de l'idée d'État peut se dater par un

---

1. Alain GUÉRY, « L'État », et Alain BOUREAU, « Le roi », in *Les Lieux de
mémoire*, t. III, *Les France*, vol. 3, *De l'archive à l'emblème*, Paris, Gallimard,
1992.

tournant précis dans l'emblématique : lorsque à la fin du
xvᵉ siècle, sous les Valois, les fleurs de lis cessent de représenter une personne ou une famille pour représenter une
entité abstraite, la France. C'est ensuite l'imprimerie, par
le biais de la gravure, de la feuille, du placard, de l'alma-
nach, etc., qui va démultiplier les traces, marques et
moyens de mémoire visuelle de l'État monarchique (plus
efficace et stable que la mémoire orale : on oublie plus
vite ce qu'on a entendu que ce qu'on a vu). La *propagande*
suppose la reproductivité technique du support, base de la
diffusion élargie et indirecte des signes, et les mots
« État » et « propagande » s'affirment conjointement
(1597, *Congregatio de Propaganda fide*). En fondant en
1663 l'Académie des inscriptions, Colbert institutionna-
lise la propagande royale, ou propagation contrôlée des
emblèmes.

Une revue des visuels et rituels de l'État témoigne de la
laïcisation progressive des fastes et des légitimités. Les
prestiges herméneutiques de la Chancellerie ont peu à
peu relayé les révérences charismatiques de l'onction
divine. Jusqu'à sa naissance comme entité séculière auto-
nome, la production symbolique était tout entière dans les
mains de l'Église. Les spectacles religieux précèdent et
débordent les spectacles monarchiques. La Fête-Dieu,
pour faire image, a précédé et permis la Fête-Roi,
puisque « à l'imitation de la Fête-Dieu où, dans la pro-
cession du Saint-Sacrement, le corps du Christ était
couvert d'un dais, on a imaginé en 1388 de porter un
dais au-dessus du roi lors des entrées royales [1] ». La permanence du sacre à Reims (jusqu'à 1825 avec

1. B. Guénée et Fr. Lehoux, *Les Entrées royales françaises de 1328 à 1515*,
Paris, C.N.R.S., 1968.

Charles X) atteste celle du substrat religieux. Mais la royauté a progressivement construit des références propres, par l'écrit. L'État monarchique fut le pionnier et le héraut de la graphosphère au dernier versant de la logosphère Comme les légistes s'émancipent des canonistes, et les écritures royales des Saintes Écritures, les Entrées, lits de Justice et Carrousels s'ajoutent au *Te Deum* chanté et aux prières publiques.

La longue suite des fictions visuelles de l'État français laisse apercevoir, à travers le bric-à-brac des images disponibles, les grandes scansions de l'histoire du regard. L'emblème étatique a commencé par le symbole, se prolonge dans l'icône et s'achève par l'indice. Soit les armoiries; le portrait du Roi; la photo du Président.

La prédominance symbolique du code, ce sont toutes ces images plus ou moins énigmatiques ou ésotériques que constituent les hiéroglyphes de la première royauté – armoiries, monogrammes ou anagrammes (comme la croix, le poisson ou le chrisme pour l'Église primitive). Ce sont aussi ces allégories ou ces emblèmes gravés, brodés, sculptés ou peints sur différents supports, pierre, tissu, papier, toile, etc. Les trois fleurs de lis symbolisent la France, la salamandre François Ier, le cerf ailé ou une colonne de feu Charles IX : cela n'est pas « figuratif ». Les premières métaphores de la royauté proviennent de l'Ancien Testament, ses signes sont célestes, et les anges supportent l'écu. Lorsqu'on passe, avec l'État absolutiste, d'une sacralité de prédestination à une sacralité de représentation, la figure du monarque se fait représenter sous ses traits réels : le portrait du roi prend la place centrale dans la symbolique d'État, faisant des anciens symboles de simples faire-valoir (les armes et emblèmes). La prédomi-

	LOGOSPHÈRE	GRAPHOSPHÈRE		VIDÉOSPHÈRE
IDÉAL TYPE	MONARCHIE FÉODALE (PRÉ-RENAISSANCE)	MONARCHIE ABSOLUE 1650-1789	RÉPUBLIQUE 1900	DÉMOCRATIE 2000
L'UN SYMBOLIQUE FONCTIONNE EN...	ROI MAGICIEN (l'âge des miracles)	ROI MACHINISTE (l'âge des merveilles)	« ROI » MÉCANICIEN (l'âge des moteurs)	« ROI » TECHNOLOGIQUE (l'âge des montages)
STATUT DU GOUVERNÉ	LE FIDÈLE (SUPRAPOLITIQUE) assemblée : l'Église	LE SUJET (MÉTAPOLITIQUE) assemblée : le Royaume	LE CITOYEN (POLITIQUE) assemblée : la Nation	TÉLÉSPECTATEUR (INFRA-POLITIQUE) assemblé : le Marché
NATURE DE L'IMAGERIE D'ÉTAT	HÉRALDIQUE (armes, emblèmes, devises) l'écu fleurdelisé	ICONOGRAPHIQUE (galerie des figures) le portrait du Roi	ALLÉGORIQUE (personnification des idées) Marianne	SIGNALÉTIQUE (logos, badges, slogans) Visuel
PRESTIGE DU CHEF	LA SACRALITÉ (lien direct avec le Christ : le roi est sacré)	LA MAJESTÉ (lien indirect, le roi est médiateur du sacré)	LA GLOIRE (lien indirect avec Raison et Progrès)	L'AURA (lien direct avec la population)
LIEU IDÉAL D'EXALTATION	L'AUTEL (l'Église)	LA SCÈNE (le théâtre)	L'ESTRADE (l'école)	L'ÉCRAN (la télé)
RITUEL DE PRÉSENTATION	LA LITURGIE (pour agenouiller)	LE CÉRÉMONIAL (pour émerveiller)	LE DISCOURS (pour convaincre)	L'ÉMISSION (pour séduire)
NATURE DES FESTIVITÉS	RELIGIEUSES (processions, cantiques)	ARISTOCRATIQUES OU MYTHOLOGIQUES (fête de cour: opéra, bal, concert)	UTOPIQUES OU COMMÉMORATIVES (fête de la Raison, 14 Juillet)	MÉDIATIQUES OU RÉCRÉATIVES (fêtes de la musique)
LE FAIRE-SIGNE SOUVERAIN	J'INTERPRÈTE (telle est la volonté de Dieu)	J'INDIQUE (tel est mon bon plaisir)	J'EXPLIQUE (telle est la vérité)	J'INFORME (telle est la réalité)

L'OFFRE SYMBOLIQUE	VOUS AVEZ LE DROIT DE TOUCHER (les écrouelles)	VOUS AVEZ LE DROIT DE REGARDER (la cour)	VOUS AVEZ LE DROIT D'APPRENDRE (l'école)	VOUS AVEZ LE DROIT DE RÉPONDRE (le sondage)
TRANSFIGURATION PAR L'IMAGE	RELIGIEUSE (c'est un saint!)	HÉROÏQUE (c'est un Apollon!)	PÉDAGOGIQUE (c'est un maître!)	PUBLICITAIRE (c'est une star!)
MOYEN D'ALIÉNER	PAR DÉVOTION	PAR ÉBLOUISSEMENT	PAR ENDOCTRINEMENT	PAR MANIPULATION
TRANSPORT PHYSIQUE DU SIGNE	CHEMIN/HOMME Vitesse : cheval	ROUTE/HOMME Vitesse : cheval, bateau	RAIL/FIL Vitesse : vapeur, électricité	ÉLECTRON/SATELLITE Vitesse : lumière
APOTHÉOSE OÙ VA LA MORT ILLUSTRE?	À L'ÉGLISE Panthéon eschatologique	AU PALAIS Panthéon monarchique	AU MUSÉE, MAIRIE OU PLACE Panthéon civique	À L'ÉCRAN Panthéon audiovisuel
POSTURE DU MORT D'HONNEUR	LE GISANT (prière des morts)	LA STATUE ÉQUESTRE (oraison funèbre)	LA STATUE EN PIED (panégyrique écrit)	LE POSTER (nécrologie)
USAGE DU SPECTACLE	ADORER	ENCHANTER	ILLUSTRER	DISTRAIRE
TITRE DU BEST-SELLER	LE POUVOIR ET L'IDOLE	LE POUVOIR ET DIEU	LE POUVOIR ET L'IDÉAL	LE POUVOIR ET LA VIE
LA MYSTIQUE DU MOI RÉGNANT	LE CHRIST, C'EST MOI Emblème : le phénix (xiiie)	L'ÉTAT, C'EST MOI Emblème : le Soleil (xviie)	LA NATION, C'EST MOI Emblème : le coq (xixe)	LA MAJORITÉ, C'EST MOI Emblème : rien
L'OPINION PUBLIQUE	SANS	LA PAROLE POPULAIRE (rumeur, cri, écho, murmure)	LA PUBLICATION D'UN AVIS PRIVÉ (journaux, livres, pamphlets)	LA RÉPONSE À UNE ENQUÊTE SPÉCIALISÉE (sondages)
SON SUJET	-	LA POPULACE (opinion méprisée)	LE PUBLIC OU LES GENS INSTRUITS (opinion redoutée)	L'INDIVIDU (opinion mesurée)
MANIFESTATION DE...	-	LA DÉRAISON DES particuliers	LA RAISON universelle	LA LIBERTÉ individuelle
CONTRÔLÉ PAR...	-	ÉGLISE/ACADÉMIES	ÉCOLE/INSTITUTIONS	COMMUNICATION/ENTREPRISES

nance indicielle advient enfin par la substitution de la photo, puis du cinéma et surtout de la télé, au portrait peint ou à la statue.

Excès du principe sur l'individu, lorsque le code symbolique du pouvoir en transcende l'incarnation physique; apparition ensuite au premier plan du corps du Roi, lorsqu'il devient lui-même symbole; excès à nouveau, avec la République, du principe sur les individus, avec les allégories d'entités abstraites; et maintenant, excès inverse des corps sur les principes. De l'avant-État féodal à l'après-État démocratique, l'image du pouvoir semble ainsi passer par quatre stades : la symbolisation impersonnelle, ou le portrait moral du Roi; l'incarnation personnelle ou le portrait physique du Roi; la rationalisation impersonnelle, ou la statue de Marianne, et enfin un retour *sui generis* à l'incarnation personnelle, ou l'interview télévisée du Président. Remarquons le caractère autophage de ces typologies successives, chaque vague de signes dévorant par une prolifération inconsidérée sa propre charge symbolique. Trop d'emblèmes tue l'emblème, trop de portraits du roi, le roi, trop d'allégories, Marianne, et trop de pub, le Président.

Résumons ces différentes étapes par un petit tableau mnémotechnique des fonctions et organes symboliques du pouvoir d'État (analogue à ceux dont nous nous sommes servis pour l'histoire de l'écrit et de l'image). À manier avec toutes les précautions d'usage quant à l'application de l'idée de rupture à une continuité historique [1]. Ces schémas strictement pédagogiques, rappelons-le, ne mettent pas l'accent sur la chronologie des seuils mais sur

---

1. Lire à ce propos Alain GRAS, *Sociologie des ruptures*, Paris, P.U.F., 1979, et en particulier la troisième partie, *Ruptures*.

les variations médiologiques pertinentes ou significatives (même anecdotiquement).

LE FANTASME MAJEUR

« *I want to be a machine.* » Le vœu célèbre d'Andy Warhol dit tout haut ce que l'État vidéocratique n'ose s'avouer : « Je veux être un tube cathodique. » Comme hier : « Je veux être une rotative », ou avant-hier : « Je veux être une chaire d'église. » Selon que domine (en remontant le temps) l'image-son, l'imprimé, la parole vive. Émission en direct, livre scolaire, sermon sur la montagne. À chaque période son fantasme majeur. Le pouvoir s'est imaginé tantôt en roi des animateurs, tantôt en prof des profs, tantôt en pape du pape. Le peuple rêvé ? Une nef d'ouailles, une classe d'élèves, un studio d'invités (applaudissements préenregistrés). À chaque médiasphère, son site, et son mythe. On délire à chaque période le dispositif qui assure au faire-savoir et au faire-croire la performance maximale. Il s'agit moins d'un vouloir que d'une pulsion, et le « à quoi rêve le pouvoir » (« nous rêvons de professeurs de faculté, champions de course et de nage... » – Dunoyer de Segonzac, avant-guerre) est évidemment plus pertinent que le « qu'est-ce qu'il veut ? ». C'est toujours la grande machine d'avant (celle qui ne sert plus vraiment mais donne du décorum) qu'il dit porter aux nues, son moi conscient est assez régulièrement en retard d'un système de diffusion.

La psychanalyse appelle « idéal du moi » ce que l'homme projette inconsciemment devant lui comme substitut au narcissisme perdu de son enfance. Cet idéal

individuel réunit les fonctions d'identification et d'inter-
diction. L'idéal du « nous » opère sur le même registre.
Tu dois prêcher, tu dois enseigner, tu dois séduire et, si tu
ne le fais pas, tu seras puni. Chaque roman intérieur
détermine une « stratégie » symbolique vers l'extérieur
mais on aurait peut-être tort de donner à ce terme militaire un sens machiavélien de ruse ou de calcul. C'est naïveté (immémoriale) que d'accoupler toujours machine et
machination. Quand donc sera-t-il permis de penser l'État
sans un sujet derrière ? Inconsciente, la matrice collective
ne fait pas question. Ce qui fait système ne fait jamais
problème, quand on est dedans. L'idéal du nous n'est pas
un objet en soi (de volonté ou de représentation) mais la
focale à travers laquelle les objets nous apparaissent.
Quand la République rêvait d'être une immense école,
tout ce qui relevait de l'image et du son louchait vers le
tableau noir. Quand la Démocratie se rêve réseau géant
multimédia, tout ce qui touche au tableau noir louche
vers le petit écran. À la fois système technique, projet
culturel et grille de déchiffrement, le foyer médiologique
d'une époque est un peu à la raison d'État ce que le
schéma kantien est à la Raison pure : il fait le pont entre
les perceptions et les catégories (entre ce que les politiques ont sous les yeux et ce qu'ils ont au fond de la tête).
Le fantasme majeur a un rôle fédéral et dynamique, vecteur de conquêtes et garantie de résultat. Du temps où le
mot était « une force qui va » et « le bon à tirer, l'équivalent de " feu " ! » (au temps donc de Hugo et de Vallès),
les hommes d'action rédigeaient des épopées, des pièces
de théâtre ou des histoires de France. Quand c'est
l'image-son qui fait bouger les foules, les mêmes font des
scénarios et se mettent eux-mêmes en scène. Hier, les

acteurs du drame civique étaient *auteurs* de livres (et vice versa); les voilà, aujourd'hui, *animateurs* de plateau (et vice versa). L'entrée en lice du champion, escorté de ses témoins et vassaux assis en rang derrière lui, n'est plus une *publication*, mais une *prestation*.

En l'espace d'un petit siècle, nos légendes collectives sont ainsi passées d'une eschatologie unificatrice à une autre, d'une première religion séculière à une deuxième, à chaque médiasphère la sienne. De l'œcuménisme du Livre à celui du Message. L'Éducation comme émancipation du genre humain a cédé la place du mythe central de salut (laquelle a horreur du vide) à la Communication, censée réparer nos déficiences obtuses et préparer l'avenir radieux. Ainsi se réfléchit une médiasphère dans le miroir grossissant de l'espérance collective. Hier, évangéliser, régénérer, unifier, c'était enseigner. Nul n'était méchant en connaissance de cause. Une école qui s'ouvre, c'est une prison qui se ferme, et un champ de bataille en moins. Cette belle illusion partie des Lumières est allée jusqu'à fonder en 1946 l'Unesco, dont l'acte constitutif pousse l'utopie éducationniste à un sommet d'ingénuité inégalé depuis (« les guerres prenant naissance dans l'esprit des hommes, c'est dans l'esprit des hommes que doivent être élevées les défenses de la paix »). Aujourd'hui, réguler, intégrer, faire lien, c'est communiquer : le méchant, le malheureux est celui qui reste seul dans son coin et ne sait pas « faire passer le message ». Pas de problème qui n'ait pour solution le « dialogue » dûment appareillé et conseillé. Une agence de communication qui se lance, c'est une tyrannie qui s'effondre, et un peu plus de soleil entre les hommes. Là où les idéologies perverses des temps barbares avaient instauré le conflit et la haine, advient la publicité, facteur de cohésion sociale et d'épanouissement démocratique.

La bêtise n'a pas d'âge, comme d'autres invariants, mais l'attaque médiologique peut en périodiser les manifestations.

En France, l'État *symbolique* a pris la forme de l'État *scolaire* et l'État *indiciel*, de l'État *publicitaire*. La ligne de faille peut se situer en l'an 1968 (symptômes : introduction de la publicité à la télévision et première mise en circulation des cotes de popularité). Quoique pensée sous et par la Révolution française, la révolution scolaire est entrée dans les mœurs au troisième tiers du XIXe siècle; quoique pensée et déjà expérimentée en Amérique du Nord, la révolution publicitaire s'impose à nous au troisième tiers du XXe siècle. La frontière séparant la télé publique de la télé marchande, le récepteur comme âtre domestique du radiateur individuel, « la voix de la France » de « la machine à sous » s'esquisse dès les années 1970. Frontière non seulement juridique (abolition du monopole) mais esthétique. La paléo-télévision visait à éduquer une nation, la néo, à séduire des individus.

La IIIe République, *via* l'école primaire gratuite et obligatoire, a proclamé le droit à l'instruction pour tous; la Ve, *via* l'institut de sondage et l'émission à retour instantané, assure le droit d'opiner pour tout un chacun. Au médium de l'intégration républicaine, a succédé, en prééminence, celui de l'intégration démocratique (ou de la désintégration républicaine). Mais on n'a pas sauté de l'un à l'autre. Entre les deux, de 1950 à 1970 à peu près, nous avons connu une période intermédiaire où le concept d'école et les pratiques de « l'Éducation populaire » furent étendus par l'État-Providence, gardien des sceaux, des préaux et des antennes, à la toute neuve télévision, conçue comme moyen d'inculcation civique (les informations) et de formation culturelle (le reste). Mai 1968 révéla que Malraux, et, au-dessus de lui, de Gaulle avaient échoué à faire avec la Culture ce que Jules Ferry avait réussi avec l'Éducation, un vecteur de partage et d'unité nationale. Après quoi, les pleins pouvoirs symboliques furent remis par l'autorité politique à une télévision commerciale modifiée par sa pesanteur propre. L'Économie reçut ainsi indirectement juridiction sur l'École et la Culture, soit, en dernière analyse, sur l'État lui-même. La boucle de l'audimat se referme alors sur les gouvernants.

Pourquoi le système de diffusion traiterait-il plus respectueusement les administrations que les arts et les sports [1] ? Si le médium majeur a déjà modifié la tauromachie comme art, et les règles du tennis en instaurant le tie-break, comme elle modifiera la Coupe du monde de foot de 1994 (quatre manches de 25 minutes au lieu des deux mi-temps pour doubler les recettes publicitaires); s'il ne recule pas devant les monstres sacrés de notre culture que sont le livre et la notion même d'auteur, la production et le contenu des films, la définition du loisir et le rythme du travail, on ne voit pas par quelle soudaine timidité il s'arrêterait net au seuil de l'État, frappé de stupeur par ses anciens titres de noblesse.

---

1. Cf. Marin KARMITZ, *La Création face aux systèmes de diffusion*, groupe « Création culturelle, compétitivité et cohésion sociale » du XIᵉ Plan, Paris, 1993.

L'ÉTAT ÉDUCATEUR

L'État du roi, qui s'occupait pourtant de tout, ne comptait pas l'instruction au nombre de ses tâches. Elle était dévolue à l'Église. En gestation tout au long des Lumières, l'État éducateur fut mis au monde par la Révolution française. Origine conceptuelle et factuelle – factuelle parce que conceptuelle. Cette articulation a pour emblème un nom propre : Condorcet. Ce mathématicien philosophe posa le concept de République, et proposa peu après les institutions qui en découlent nécessairement, dans son fameux *Rapport et projet de décret* sur l'Instruction publique de 1792. Dès lors que la souveraineté passait du Roi, lieutenant de Dieu, au peuple, lieutenant de personne, l'instruction du peuple devenait la question cruciale, celle dont tout dépendait. Comment un peuple aveugle pourrait-il se gouverner lui-même sans devenir son propre tyran ? Le suffrage universel serait illégitime s'il était imbécile. Un souverain ignorant ou un législateur idiot ressemble à un capitaine désarmé ou un pape athée : le cercle carré. Seule l'idée d'une raison accessible et partageable par tous rend la souveraineté populaire plausible, sans quoi tout l'édifice républicain s'écroule dans l'absurde, et le suffrage universel dans le despotisme du nombre. Tout *Contrat social*, en ce sens, postule un *Émile*. Pourquoi n'y a-t-il pas de liberté sans savoir ? Les citoyens sont libres quand ils n'obéissent qu'à eux-mêmes, c'est-à-dire aux lois qu'ils se donnent d'un commun accord. Ces lois doivent donc être l'expression d'une volonté à la fois générale et raisonnable, car, quand j'obéis à la raison et non à la croyance ou au préjugé, je n'obéis à personne. La croyance est particulière, la raison est universelle. « Général » et « rationnel » sont synonymes, mais le genre humain étant doué de raison par nature, chaque individu peut avoir accès à la vérité, quelles que soient sa naissance ou sa fortune. L'ignorance est donc une servitude et le savoir positif libère, parce qu'il fait trait d'union entre la Raison universelle et le libre arbitre individuel. « C'est dans le gouvernement républicain, disait Montesquieu, que l'on a besoin de toute la puissance de l'Éducation. » Peuple et École furent les deux faces historiques du Janus républicain, parce qu'une République, dans son concept, est enseignante ou n'est pas [1]. Si elle renonce au rationalisme comme postulat régulateur, et à rendre « la Raison populaire », comme entreprise de chaque jour, l'ordre idéal de la loi sera tôt remplacé par l'ordre sociologique du fait et le sujet juridique par le sujet économique ou psychologique. Aucun individu n'aime payer des impôts ou faire son service militaire : tous les sondages attestent ce sentiment privé. Mais si ce souhait légitime dans son ordre devenait la règle de conduite de tous les citoyens, la jungle remplacerait bientôt la Cité [2]. Renoncer au devoir d'instruction conduit à prendre le fait social pour norme et une psychologie collective pour la « volonté générale » : ce que fait l'État démagogique, au nom, parfois, de la démocratie.

À la nécessité rationnelle de la formation du citoyen électeur et législateur, s'ajoutait un impératif d'origine théologique. Le politique, on le sait, est toujours plus grand que la politique. Qu'est-ce à dire ? La souveraineté

1. Jacques Muglioni, « La République et l'instruction », *L'Enseignement philosophique*, janvier-février 1989.
2. Catherine Kintzler, *Condorcet, l'instruction publique...*, 1984 (voir Bibliographie).

royale fonctionnait à la représentation, sur le modèle christique. Le Roi représentait Dieu sur terre, un peu comme le Christ, Dieu ici-bas. « Un peu », parce que le Roi n'est pas le Verbe incarné. Mais « comme », parce qu'il a reçu l'onction divine. À travers le corps sacramentel du Roi, l'invisible pouvait ainsi se faire visible (comme le Père à travers le Fils). Le représentant n'est cependant pas le représenté : cet écart soutient toute la symbolique royale et donne sa puissance aux représentations de la monarchie. Alors que dans la royauté magique, au temps des idoles, le roi *est* un dieu, le roi de France, au temps des images d'art, n'était qu'adossé à un Dieu absent, auquel son image renvoyait *in fine* comme le signe à la chose. Le Roi se multiplie dans ses représentations parce que c'était au fond un « roi de représentation », selon le mot de Marin [1]. Or, en tranchant la tête du Monarque, la France se coupait de Dieu, et le corps politique se voyait amputé de l'absence fondatrice du sens. La nation française se serait donc retrouvée *en manque d'un manque capital,* donc en panne symbolique, si elle n'avait aussitôt substitué un mythe majuscule à un autre, la Raison à Dieu. Adossée à Dieu, la monarchie avait trouvé dès le départ dans l'institution ecclésiale ses étais et ses relais. Adossée à la Raison, la République trouva légitimité et consistance dans les institutions savantes (académies, instituts, conservatoires, collèges, musées). La Révolution voit les savants prendre le pouvoir [2]. Pour le Roi, s'imposer signifiait : se montrer. Pour la République, démontrer. Pour elle, pas d'eucharistie visuelle possible : le corps du

1. Louis Marin, *Le Portrait du roi,* Paris, Éd. de Minuit, 1983.
2. Comme l'expose Michel Serres dans « Paris 1800 », in *Éléments d'histoire des sciences,* Paris, Bordas, 1989.

républicain ne sera jamais sacramentel. Le Roi de droit divin émerveille par sa seule présence physique, l'élu du peuple n'a pas cette faculté. Il doit convaincre par des raisons. Pendant des siècles, le pouvoir avait été un théâtre ; il devint, après 1789, une école. La scène royale donnait sans doute par un quatrième côté, *sur* le peuple, mais ce dernier regardait et écoutait du dehors et d'en bas, n'étant pas admis à monter sur scène. Le peuple en revanche est *dans* la salle de classe républicaine, et il est invité par le maître à monter sur l'estrade, en fonction de ses mérites, par lauréats interposés. Le cours magistral est le seul cérémonial logique dévolu à la République par la retraite de Dieu.

On connaît la longue liste des établissements créés par et sous la Révolution française. À l'exception de quelques écoles d'application (les Ponts et Chaussées en 1747, les Mines en 1783), nos pilotis éducatifs, à commencer par les grandes écoles, plongent dans l'humus 1790-1800. Le Parti républicain n'a eu de cesse d'étendre le recrutement par concours, de l'armée à toutes les filières de l'administration. Le premier projet d'une École d'administration, sur le modèle de l'École polytechnique, fut conçu par la Révolution de 1848, sous l'égide d'Hippolyte Carnot, ministre de l'Instruction publique – l'Empire le mit à bas. Le deuxième fut conçu par le Front populaire, sous l'égide de Jean Zay, ministre de l'Éducation nationale. Le troisième et le bon fut conçu par la Résistance et la Libération, sous l'égide de Michel Debré, commissaire de la République (appuyé de Pierre Cot) : ce fut l'E.N.A., créée par ordonnance en 1945.

N'idéalisons pas. Pur enfant des Lumières, Condorcet rêvait d'*instruction* pure, entendant par là une transmission de connaissances sans valeur ajoutée. Son contemporain, le pasteur Rabaut Saint-Étienne, lui préférait l'*éducation,* entendant par là une inculcation de valeurs morales et politiques. On instruit les esprits, on éduque les âmes. L'instruction forme des individus, l'éducation forme une collectivité. La première, désintéressée, donne à connaître; la seconde, utilitaire, donne à aimer. Si le concept de République s'en tient à l'instruction, la tradition républicaine du xixe siècle lui a préféré l'éducation : l'école ne fut pas pour elle une fin en soi mais un enjeu politique comme moyen d'unifier la nation et de rallier les paysans au régime. Jules Ferry, qui n'était pas un apôtre, fut plus un disciple de Rabaut que de Condorcet. Le « lire-écrire-compter » s'intégrait à ses yeux dans une stratégie sociale et nationale [1]. Positiviste, ce défenseur de l' « Ordre et Progrès » savait qu'on ne détruit que ce qu'on remplace. L'enseignement confessionnel, qui avait fait aimer la monarchie, ne pouvait être concurrencé que par un enseignement civique qui ferait aimer la République et la Révolution. Les maîtres d'école devaient donc être non seulement des dispensateurs de savoir mais des « instruments d'éducation politique » ou des « sous-officiers de la démocratie ». Leur mission : où était Dieu, mettre la Patrie. On ne combat une foi qu'avec une autre foi, non par la seule Raison. Le manuel de mathématiques est impuissant contre le catéchisme s'il n'est pas secondé par *Le Tour de la France par deux enfants* (manuel de lecture paru en 1877). Le postulat : on ne fera respecter l'État qu'en faisant aimer la Patrie, la loi du Père prend effet

1. Réalité historique fort justement rappelée par Christian NIQUE et Claude LELIÈVRE, in *La République n'éduquera plus...,* 1993 (voir Bibliographie). Lire aussi Dominique JULIA, « Les enjeux des plans scolaires de la Révolution française », académie d'Amiens, 1989.

par la Mère. L'État éducateur n'est pas voltairien, ni strictement rationaliste. Il sait mêler le récit au théorème et le
féminin au masculin – et s'il ne l'avait pas fait, les hus-
sards noirs de la République n'auraient pas « tenu » en
1914. L'affect sans la loi, devise de l'État séducteur, est
aveugle ; mais la loi sans l'affect serait manchote. La per-
suasion a deux modalités idéales : convaincre et séduire.
Logique et sophistique. Raison et sentiment. En schéma-
tisant à l'extrême : le discours et l'image. Depuis qu'il y a
des philosophes, qui sont nés d'un non aux sophistes,
l'Occident a toujours su distinguer. Mais depuis qu'il y a
des Cités, et donc une rhétorique, on a toujours su mélan-
ger. Le faire-croire, redisons-le, n'est jamais indépendant
d'un faire-savoir. Il y a des croyances qui se donnent pour
des savoirs et vice versa. On peut convaincre rationnelle-
ment de la validité d'une mythologie (comme faisait le
professeur de « marxisme-léninisme »). À l'inverse, on
peut « séduire à la vraie foi », ce qu'ont fait les jésuites,
pour légitimer la catéchèse par l'image et les chrétiens
après Constantin, qui voulaient amener les païens à la vraie
religion par d'apparentes concessions au culte des idoles.
Les républicains furent jésuites à leur façon : ils illustraient
fort bien leurs manuels scolaires, et combattirent les
images pieuses avec d'autres images pieuses. Il y eut une
sentimentalité maternelle de l'école républicaine parce
qu'elle fut celle de la France autant que du Savoir. Et la raison d'État incarnée qui commence ses *Mémoires de guerre*
par : « Toute ma vie je me suis fait une certaine idée de la
France. Le sentiment me l'inspire aussi bien que la raison.
Ce qu'il y a, en moi, d'affectif imagine naturellement la
France, telle la princesse des contes... », tout fils de monar-
chiste et ancien élève des jésuites qu'il ait été, est un fils
légitime de la République.

Il est clair que l'État éducateur n'était pas plus égalitaire qu'évangélique. Il avait un contenu de classe et une finalité pratique : maintenir l'ordre. Son grand-père, Condorcet, ne peut nous faire oublier ses grands-oncles, Napoléon (l'Université impériale au service d'un « État politique fixe ») et Guizot (l'école primaire contre les désordres et pour « gouverner les esprits »). On a montré et démontré cent fois qu'il y avait loin des principes (d'obligation, de gratuité et de laïcité) aux conditions. L'école primaire pour les fils du peuple et le secondaire pour les fils de notables ; les femmes derrière les hommes ; et l'idéologie républicaine retournée contre les prolétaires et les « anarchistes » (« la religion de la patrie n'admet pas de dissidents »). Il en va des lois républicaines sur l'école comme de la Déclaration des droits de l'homme : s'il est vrai que le discours d'universalité recouvre une pratique de discrimination sociale, il légitime et permet aussi la critique de cette perversion, en droit d'abord, en fait ensuite. L'État séducteur n'a pas la théorie de sa pratique et l'État éducateur n'avait pas la pratique de sa théorie. Mais si le premier n'a pas de régulateur extérieur à son fonctionnement machinal, le second portait en lui ses moyens de correction.

À preuve les prolongements que les républicains « de progrès », ou leurs enfants du mouvement ouvrier, les socialistes et apparentés, ont pu donner, durant un siècle, à l'utopie de Condorcet. L'Éducation « populaire », ou la transmission postscolaire du savoir aux adultes défavorisés, prit son essor à partir de 1848 (mais l'*Association polytechnique pour le développement de l'instruction populaire,* où Auguste Comte enseigna, remonte à 1830). Ce mouvement séculaire et têtu engendra à la fin du siècle les *universités populaires* (1898). Il rebondit en 1936 et se métamorphose dans *l'Action culturelle* de célèbre mémoire [1]. Cette dernière, et c'est bien ce que lui reproche l'élitisme libéral, fut un rejeton naturel de la scolarité obligatoire à quatorze ans. Sans Jules Ferry, pas de Jean Zay (ministre de l'Éducation nationale *et* des Beaux-Arts de 1936 à 1939). Sans Jean Zay, pas de Jean Vilar (ni de Jeanne Laurent). Sans universités populaires, pas de Maisons de la Culture. La généalogie pédagogique de « l'État culturel », sous-traitance de l'État éducateur, articule, *via* le Front populaire, « la Culture pour tous » sur « l'École pour tous ». Malraux fut à la fois son héritier et son fossoyeur, lui qui opéra la première rupture intellectuelle et administrative entre les deux univers. Jusqu'à lui, le monde du goût se subordonnait officiellement à celui du savoir. Non seulement, pensait-on, la sensibilité peut et doit s'éduquer mais elle est elle-même vecteur d'éducation (et donc de rédemption). Le paradigme scolaire faisait école de tout, sans besoin d'examen ni de diplôme. Le théâtre, institué par la Révolution en cours d'éducation civique et dont Michelet souligne dans *L'Étudiant* qu'il est « le plus puissant moyen d'éducation, du rapprochement des hommes, le meilleur espoir peut-être de rénovation nationale ». Les Expositions universelles, machines savantes et cours du soir ouverts à tous. La fête du village, qui met le théâtre à l'air libre. Le journal d'opinion, « l'unique, du moins le seul puissant des instruments d'éducation » (Julien Benda). La forme parti, avec ses écoles de cadres, et ses « brochures de formation ». L'espace urbain avec ses statues d'hommes exemplaires, l'architecture officielle avec ses façades éducatives. Le cinéma (les ciné-clubs dans les lycées et la cinémathèque pratiquée comme une contre-école, donc une école encore, et logée rue d'Ulm à

---

1. Jean Caune, *La Culture en action...*, 1992 (voir Bibliographie).

l'Institut pédagogique). La scène lyrique. Les musées d'art, services publics de la mémoire destinés dès leur fondation (Louvre, 1793, et École du Louvre, 1882) à former le goût du public, à classer les œuvres et transmettre aux visiteurs autant une nomenclature des « écoles » et des « styles » qu'un savoir-faire. Le sport, bien sûr (doté d'un sous-secrétariat par le Front populaire, avec Léo Lagrange et l'idée du « sport pour tous », sport amateur « d'assainissement » opposé au sport « spectaculaire » des professionnels). La marche en montagne et la bicyclette (moyen de redressement moral). Tous les chemins de la graphosphère menaient à l'école, parce que en fait et en droit ils en étaient partis. Dans la « démopédie », comme Proudhon appelait la démocratie pédagogique idéale, la nation est fantasmée par ceux qui ont à leur charge le gouvernement des conduites humaines comme une université où l'on ne prend jamais de vacances, et la moindre « manifestation culturelle » apporte sa pierre à l'encyclopédie populaire en voie de formation dans la rue et sous les toits. Cercle minuit-midi du Savoir dont cet État savant a par définition la responsabilité politique, morale et administrative (comme il a celle des chemins de fer et du téléphone). Au sens figuré comme au sens propre. Les onze tomes de l'*Encyclopédie française* (1930-1939) dirigée par Lucien Febvre et les plus grands noms de l'Université de l'époque (avec le jeune Jacques Lacan pour « la vie mentale ») furent commandités au départ, en 1930, par Anatole de Monzie, ministre de l'Éducation nationale [1].

---

1. L'entreprise de Lucien Febvre (nommé sur les conseils de Julien Cain, administrateur de la B.N.) fut reprise en 1955 par un autre ministre de l'Éducation, André Marie, et confiée à Gaston Berger. Un ultime prolongement fut assuré par Edgar Faure en 1964. Le récent projet de l'Encyclopédie Diderot animé par Dominique Lecourt, malgré les efforts de Jean-Pierre Chevènement, alors ministre de l'Éducation, dut finalement se constituer en association privée.

Foyer de convergence, situé au-dessus (ou au-dessous) des divergences d'idées, un paradigme médiologique donne un corps commun aux symptômes de « l'esprit du temps ». Il fait ritournelle dans toutes les chansons, droite ou gauche. Comme le stalinisme et le nazisme à un autre degré, il est indéniable que le Front populaire et la « Révolution nationale » (pour rester dans l'Hexagone) ont partagé certains traits du pédagogisme généralisé, de l'hygiénisme du plein air et de l'édification par les Beaux-Arts. Vichy n'a-t-il pas créé les « collèges modernes » et les « centres de formation professionnelle » ? On a déjà mis en évidence les rimes troublantes de la « décentralisation culturelle » comme des politiques « de la jeunesse et des sports » (Auberges de la jeunesse et Chantiers de jeunesse, Léo Lagrange et Jean Borotra) [1]. Rappelons au passage qu'en bonne loi républicaine il n'y a et ne peut y avoir de « politique de la jeunesse ». L'instituteur n'a pas le culte de l'enfant, mais de ce qui, en lui, veut et doit grandir. Une République digne de ce nom ne tient pas la jeunesse pour une catégorie à part, porteuse de valeurs propres et encore moins supérieures, mais comme une simple propédeutique à la responsabilité de soi-même. La jeunesse n'est pas une élite ni un bien en soi, et un jeune idiot vaudra toujours moins à ses yeux qu'un vieil homme libre. De même n'entend-elle pas rajeunir l'humanité, mais bien plutôt lui restituer inlassablement sa mémoire et son passé pour la rendre égale à son idée. Le « jeunisme », pédagogie dévoyée, n'est pas un humanisme.

L'État éducateur est de tendance « progressiste » ; l'État séducteur, de tendance « conservatrice ». Tendances objec-

---

1. Jean William Dereymez et Régine Berthet, *Front populaire-Vichy : deux politiques de la Jeunesse et des Sports ?*, 116ᵉ Congrès nat. Soc. sav. Chambéry, 1991.

tives et compulsives, qui valent pour faits de civilisation et se moquent des étiquettes de circonstance. Au fond, l'éducation est un mythe de gauche, la communication, un mythe de droite. La première de ces superstitions voit dans l'homme d'abord un être de raison, éminemment perfectible, fait pour bien juger et délibérer de concert ; la seconde, un être de besoin voué d'abord à posséder et échanger des marchandises. Le messianisme scolaire met la vie politique (et l'État) au-dessus de la vie économique ; le messianisme publicitaire suppose la primauté du *stock exchange* et met les entreprises au-dessus des institutions (quitte à faire de l'État un établissement public à caractère industriel et commercial). On a connu en France des gouvernements dits de droite mentalement assujettis au mythe de gauche (de Gaulle), et l'inverse (Mitterrand). Serait-ce « l'esprit du temps » ? La couleur du mythe, qui est celle du temps qu'il fait, nous indique bien le fond des choses. On aura beau théoriser, enseigner et poétiser la pub, fabriquée par des riches jeunes pour le compte de très riches plus âgés, née du marché et vivant de lui, elle reste soudée à l'univers du profit (ou de « la gagne »). Qui n'a rien à « vendre » n'en a nul besoin. Un manuel scolaire, qui fait abstraction des couleurs de peau, des trains de vie et des lieux d'habitat, est à la portée de toutes les bourses et intelligences. Personne ne s'étonnera, par temps de Restauration, de voir honorer et rémunérer le publicitaire dix fois mieux que le scolaire.

LA FIN DE L'ÉCOLE

« L'explosion médiatique » aurait fait sauter aux alentours de 1968 l'État-école ? Pas vraiment. Ce dernier a plutôt implosé en silence, et la secousse venait des profondeurs. S'était déjà défaite au tréfonds des esprits la vieille trame de l'épopée prométhéenne (le Progrès, le Sens de l'Histoire, la Paix par la Science, la maîtrise sans fin ni limite de la Nature, etc.). Trame qui avait pour canevas la conception linéaire du temps utopique, dont l'École était en France à la fois vecteur et fleuron, ainsi que la primauté des destins collectifs sur l'épanouissement des individus. Dans l'évolution de l'appareil scolaire lui-même, citons, parmi les facteurs d'obsolescence, la scolarisation massive, la fin des cloisonnements primaire/secondaire et garçons/filles. Plus largement, la fin de la République paysanne ne permettait plus, comme y tendait l'école ferryste, de reléguer au second plan l'enseignement technique et la formation professionnelle. L'impératif national de modernisation prit le dessus après 1945, remplaçant la finalité politique par l'économique, et les humanités par les maths. Tout se passe en résumé comme si l'État éducateur avait été victime de son succès. L'école baisse parce que le niveau monte. Tous alphabétisés, tous républicains ? « Et maintenant, qu'est-ce qu'on fait ? »

Le basculement des machines changeait *ipso facto* l'ordre du jour. La subversion du différé par le direct, le débordement des médiations symboliques par l'immédiateté sonore et visuelle, radio et télé, ne pouvaient que marginaliser l'école républicaine. Celle-ci est liée au culte du livre et d'abord de la lecture. Les Lumières – le siècle et le concept – pivotent sur l'Imprimerie, et l'Imprimerie nationale, temple parisien méconnu, fut le vrai sanctuaire de l'espace républicain, le cœur du cœur. Condorcet lui-même avait été conduit au fil des ans à mettre la presse au centre de sa vision du monde. « Il n'y a que trois moyens généraux d'influer sur l'esprit des hommes : les ouvrages imprimés, la législation et l'éducation », commence-t-il par admettre en 1779. Mais de simple instrument de diffusion, elle devient en 1790 « condition de possibilité de l'instruction publique [1] ». Et enfin, dans l'_Esquisse du tableau historique des progrès de l'esprit humain_ (1793), l'invention s'autonomise et devient le porche d'entrée de la huitième et dernière époque de l'humanité, fin de la superstition, début de la philosophie. « L'imprimerie, commente Kintzler, renouvelle la structure métaphysique de l'humanité. » Mais on n'arrête pas le progrès des structurations humaines, et la chute du plomb nous fait sortir de l'époque qui avait rendu possible le type d'humanité « raisonnable et critique qui, au nom de la recherche de la vérité, prend le risque de s'opposer à une société unanime mais errante » [2].

Les vecteurs ont erré, l'unanimité a suivi. Les valeurs assimilées par les élèves passent par la télé, la musique, la radio, la mode, la publicité, plus que par l'école et la famille. La diminution du poids relatif de l'école dans la vidéosphère s'est accompagnée d'une dilatation des espaces d'apprentissage. La multiplication des savoirs et des vecteurs tend à mettre l'école « hors les murs », et si l'école est partout, à quoi bon une école quelque part ? De même, si l'on met sur le même plan les savoirs, les savoir-faire et les savoir-être, comme le suggère l'inflation pédagogiste, tout devient savoir et l'idée de savoir s'évanouit. On a reconnu ici l'ambiance d'un certain gauchisme soixante-huitard, délégitimant l'école fermée au nom de la société ouverte et le savoir au nom de la vie. Non moins reconnaissables sont ses

1. Voir « Éloge de l'Imprimerie », in _Condorcet..._, 1989, pp. 262-273 (voir Bibliographie).
2. _Ibid._, p. 268.

effets pervers. La dénonciation de « l'école de la bourgeoisie », pavée de bonnes intentions, rend vingt ans après plus ou moins acceptable l'école des entreprises. Tel est le règlement séculaire du code de la route national : pour prendre à droite, tourner à gauche. Il n'est pas impossible que le gauchisme théorique des années soixante et soixante-dix – contre son gré, cela va de soi – ait quelque peu contribué à « la mise en acceptabilité » de la *réaction pratique* des années quatre-vingt et quatre-vingt-dix.

La *dégradation* d'une fonction sociale, souvent sublimée en « modernisation », a pour symptôme visible sa *désymbolisation*. Comme la Haute Administration elle-même, notre monde enseignant a perdu ses rituels au fil des ans, depuis la distribution des prix de fin d'année dans les lycées, cérémonie républicaine par excellence, jusqu'aux rentrées universitaires avec toges et huissiers. Les mots eux-mêmes font foi. L'école n'a plus d'*élèves* ni l'université d'*étudiants* (avec ce que cela suppose de discipline et d'obligations), mais des *usagers* comme la R.A.T.P., en attendant les *clients* comme à Air France. C'est un service social parmi d'autres. Il était naturel qu'un ministre de l'Éducation fasse récemment ouvrir les locaux universitaires de nuit pour abriter, lors d'une vague de froid, les sans-abri, « comme cela se fait dans le métro ». Il en va de l'école comme de l'administration : elles ne s'aiment plus parce qu'on ne les aime plus et on ne les aime plus parce qu'elles ne s'aiment plus elles-mêmes.

La forteresse enseignante est démantelée – et pas seulement par l'émiettement syndical ; la laïcité, diluée dans une tolérance à courte vue mais de bon aloi ; l'institution, démoralisée. L'assise professionnelle a pris du poids, et perdu en force. L'apparition d'un nouveau support de diffusion déclasse la classe des médiateurs issus du support antérieur, par simple débranchement. Une prêtrise fonctionnelle en remplaçant une autre, chevau-légers de la « com » contre fantassins du savoir, le temporel renverse ses alliances et se « rebranche » sur les nouveaux branchés. En clair, la République a abandonné les siens, comme un général qui déguerpit quand la bataille tourne mal. Les traumatismes technologiques qu'a subis la transmission institutionnelle des connaissances en font, croit-elle, un handicapé moteur. N'étant plus portée par le milieu, l'Éducation nationale n'est plus jugée politiquement « porteuse ». Les enseignants sont à l'État-vidéo ce que les métallos sont à la C.G.T., ou les linotypistes au syndicat du Livre : un emblème commémoratif. Comme, en musique, l'électricité a fait les ondes Martenot, le magnétophone, Schaeffer et la musique concrète, l'informatique, Boulez et Xenakis, l'électronique et le rayon hertzien ont fait Ronald Reagan et le Télétat.

L'Éducation, bien sûr, a été déclarée « priorité nationale » et constitue le premier budget de la nation [1]. La « revalorisation » ne remplace pas la passion, mais sa perte. La libido de l'État a désinvesti l'école. Ne lui donnant plus sa créance, il lui alloue des crédits. Funeste contretemps. Contemporains de l'explosion médiatique, et de plus longue portée qu'elle, sont en effet l'explosion scientifique et l'effritement civique. Le besoin de « cimenter la nation » serait-il devenu obsolète à l'âge des communautés et des migrations ? Jamais la démocratisation de l'accès au savoir n'a eu plus d'importance qu'en ce moment où le diplôme et la compétence deviennent le discriminant social numéro 1. Jamais, depuis le néolithique, le *sapiens sapiens* n'a eu plus besoin de « formation continue » qu'à un moment qui voit

1. Deux cent quatre-vingt-trois milliards de francs en 1993; quatre-vingts milliards d'augmentation depuis 1988.

l'éclatement des corpus constitués et la péremption des compétences les mieux établies. Jamais, depuis la Renaissance, l'espace et la temporalité traditionnels du savoir n'ont été aussi bouleversés. Réseaux à support numérique, messageries informatiques, vidéotransmission, banque de données : ces outils, ces réseaux propices à l'enseignement à distance peuvent décloisonner, démocratiser et peut-être réorganiser l'école (un usage inconsidéré peut aussi la détruire : aucune ingénierie éducative ne remplace le rapport maître-élève). Sur les conséquences à tirer de cette nouvelle donne, les propositions affluent, mais se voient opposer une indifférence polie (à peine). On demande un rapport et on l'enterre sitôt remis. Pas de bénéfice, pas d'intérêt. Un opérateur possible pour une nouvelle chaîne hertzienne se déclare-t-il qu'il est reçu sous huitaine par le président de la République ; un groupe de savants régulièrement désignés a-t-il travaillé deux ans sur un projet novateur de type « France-Université » (Mission Michel Serres), les demandes d'audience resteront sans réponse (Président, Premier ministre et ministre). L'Éducation nationale pose à l'État séducteur un problème de gestion (des crédits et des « ressources humaines »), non un problème de conscience, et ce parce qu'il n'est plus dans son inconscient. Ce n'est plus un espoir collectif mais un remords bureaucratique ; plus une mission historique mais un problème social sans solution parmi d'autres (insécurité, chômage, déficit), qu'il traîne comme un boulet. Il prend des « mesures » et fait voter des rallonges. Mais il n'en rêve plus la nuit. À croire que la technique commande jusqu'aux fantasmes.

VERS LE TÉLÉTAT

« Familial, chaleureux et vivant, il donne rendez-vous chaque semaine à ses amis. » Ou encore : « Lieu de rencontre et de dialogue. Source d'émotion et de découverte. Occasion d'échange et de service dans le monde d'aujourd'hui. » Les slogans des groupes de communication pourraient être ceux du « buen governo » postmoderne. Fin de « la télé du gouvernement », début des « gouvernements de la télé ». Peut-on encore défendre la thèse : « l'État dernière alternative à la dictature du marché », si la mort de la télé comme « appareil idéologique d'État » donne sous nos yeux naissance à un État devenu *appareil idéologique du marché médiatique* ? Dire que l'État *est* une chaîne publique commerciale ne relève pas d'une simple métaphore. « Quel programme ? Quels moyens ? Quelles ambitions ? » : les diagnostics connus sur « la crise de l'État » et « la crise du service public » paraissent, à un lecteur non prévenu, réversibles et permutables (appauvrissement des programmes, non-compétitivité, dictature des sondages, fuite des talents, inflation des coûts, baisse des recettes, déficit structurel, perte du sens, etc.). Dans les nombreux plans publiés de « réorganisation et reconquête », « État » et « télé » peuvent s'employer indifféremment. « L'État n'est pas une fin en soi. » Il s'est fixé, précise le Président, cinq objectifs d'avenir, cinq priorités stratégiques. « Être au service de tous. » « Avoir une morale, en refusant les exclusions sociales et culturelles. » « Se doter, comme le lui permet son mode de financement, d'une politique volontariste. » « Devenir le partenaire privilégié de la production française pour tonifier le marché. » « Garantir la continuité et l'impartialité

des services rendus aux usagers, avec un système d'éducation qui serve toujours de référence. » Remplacez « production » par « création », « éducation » par « information »,
imposition par redevance, et vous découvrirez l'erreur [1].
Les clichés utilisés pour « sortir France 1 et France 2 de la
crise », à double usage et fond, pourraient s'appliquer à la
France sans numéro. Et les dilemmes des deux présidents,
de la République et du service public, déchirés entre le
« qualimat » idéal et l'audimat du lendemain, pour inventer
la fameuse « chaîne populaire de qualité », se répondent
terme à terme. Comment respecter le cahier des charges (le
programme électoral) *et* remonter l'audience (le pourcen-
tage d'opinions favorables) ? Faire du chiffre, tout en gar-
dant le minimum incompressible d'émissions religieuses,
éducatives, scientifiques, etc. (hôpitaux, transports, rentrées scolaires, sécurité, etc.) ? La schizophrénie aussi est
partagée par ceux qui doivent, décence oblige, combiner le
parler Jean Vilar et l'agir T.F.1, pour satisfaire avec l'un le
citoyen théorique et avec l'autre le consommateur pratique.

Analogie des exercices et des paramètres. Cotes de popularité et sondages sont les équivalents de l'audiométrie quotidienne. Un remaniement gouvernemental peut se lire
comme « un ajustement de grille » ; et la constitution d'une
équipe gouvernementale, une sorte de « grand ménage de la
rentrée ». « Un ministre, dit Seguela avec raison, c'est une
page de pub. Il est là pour donner l'espoir. C'est au cabinet
de faire tourner la boutique. » Ainsi les animateurs qui font
« l'image » d'une chaîne – quand c'est leur équipe anonyme
qui fait les émissions. Le Président-programmateur, ou
bien son Premier ministre, place tel animateur ou tête

1. Citations extraites d'un plaidoyer d'Hervé BOURGES, « La télévision
publique n'est pas une fin en soi », *Le Monde*, 6 juillet 1991.

d'affiche sur telle ou telle case ou ministère pour damer le pion aux concurrents. Entre la majorité et l'opposition, comme entre deux chaînes rivales, la bataille ne porte plus sur les programmes, à peu près les mêmes, mais sur les taux d'audience. On embauche et débauche, ici et là, les rafleurs d'audimat, à n'importe quel prix. On cherche à rendre l'information plus récréative ; à sérialiser les plans de communication (ou la production d'événements) en évitant les à-coups, pour fidéliser un électorat volatile et stabiliser l'image de la chaîne. La télé, contrairement au cinéma, doit produire ses images en série (moins cher), les diffuser en série (plus rentable), et les monter par séries en feuilletons ou en rendez-vous périodiques (plus plaisant). Tel est l'idéal d'une bonne communication, donc d'un bon gouvernement. Une chose, certes, est de vendre un public à des annonceurs (chaîne commerciale) ; une autre est de se vendre comme annonceur à un public (« chaîne gouvernementale de qualité »). L'État publicitaire n'a peut-être pas d'annonceurs extérieurs mais il a un produit à vendre, périssable par nature mais dont il doit prolonger au maximum la durée de vie : un gouvernement.

Quand il est chef de la majorité, un président de la République cumule les fonctions de représentation à l'étranger, de programmateur et de présentateur au-dedans. Il doit passer régulièrement à l'antenne et payer de sa présence, *anchorman* en temps de crise et animateur de « soirées exceptionnelles ». Mais la comparaison s'arrête là. Le chef de l'État, en effet, est le Président d'*une chaîne sans libre accès à l'antenne ni fréquence attribuée*. L'État est une régie de production sans réseau de distribution. Situation extravagante, quasi loufoque, pour qui, n'étant plus chaîne de révérence, se voudrait bien encore chaîne de référence. À quoi sert de programmer si on n'est pas sûr de diffuser ?

Simplement, quelles que soient les dépenses engagées dans la fabrication de prémisses matérielles, il ne décide même pas de ses propres événements. En tournant le bouton de son journal télévisé à 20 heures, le chef de l'État est plus souvent furieux que ravi, mais il est plus que quiconque stupéfait par les choix opérés car il connaît mieux, lui, tout ce qui n'est ni montré ni commenté (sur 8 000 dépêches quotidiennes de l'A.F.P., rappelons-le, seules 200 « sortent »). Lui et son équipe (une centaine de conseillers-scénaristes dans les cabinets et quelques dizaines de ministres-réalisateurs) ont en effet produit depuis le matin une dizaine de « sujets » (allocutions, séminaires, voyages, inaugurations, etc.), dignes à leurs yeux du plus grand intérêt. Ils ont la manie bizarre de leur « revenir » chaque jour, défigurés, montés à l'envers, télescopés, minimisés, si ce n'est évacués. Un hôte obligeant et fastueux que son cuisinier laisserait systématiquement dans l'incertitude de ce que ses invités à dîner auront ou non dans leur assiette ne serait pas dans une situation plus incommode. Ou un évêque qui dans son diocèse n'aurait aucune assurance sur le type de messes auxquelles les fidèles assistent. Le Roi n'est plus empereur en son royaume. C'est un fournisseur de récits parmi d'autres, un candidat de plus sur le marché des nouvelles. Les maîtres d'œuvre de l'événement ouvrent en conférence de rédaction les enveloppes de propositions, et décident du mieux-disant, selon leurs critères à eux. Mais l'événement, c'est eux.

LE POLITIQUE HUMILIÉ PAR LA TECHNIQUE

L'information fut de tout temps un moyen de gouvernement (et d'enrichissement). Tout gouvernant se doit d'être *le premier informé*, pour être en mesure de répercuter, ou non, l'information sur le gouverné. Cette nécessité implique le monopole de la transmission à distance des signaux, qui fut un fait constant commun à toutes les époques de la graphosphère. L'Ancien Régime avait l'exclusivité des postes (quitte à affermer les messageries royales), et le Roi avait ses propres courriers. Le monopole postal, dans tous les États d'Europe, fait partie des droits régaliens. Jusqu'à la Révolution de Juillet, le télégraphe aérien des frères Chappe, rattaché au ministère de la Guerre, ne pouvait même pas être mis à la disposition du public. La loi de 1837 (« quiconque transmettra, sans autorisation, des signaux, d'un lieu à un autre, soit à l'aide de machines télégraphiques soit par tout autre moyen, sera puni d'un emprisonnement d'un mois à un an... ») a structuré le droit français des télécoms pendant 150 ans. Le monopole public est passé par filiation directe des postes au télégraphe aérien, puis au télégraphe électrique (1851), puis au téléphone (rachat et exploitation des réseaux privés en 1889). Ces moyens furent regroupés sous un ministère commun en 1878 (les P.T.T.), convergence qui contribue à préciser, dans la même période, la notion de service public. Les problèmes posés par la transmission par ondes hertziennes des messages sonores, ou T.S.F., qui débute avec la guerre de 14, furent réglés en 1923 par application du modèle 1837 (autorisation d'exploitation pour les particuliers, écoute, voire brouillage, des sans-filistes clandestins). Dans ce domaine aussi, malgré ou à cause des premiers dérapages, et la guerre de 39 aidant, les colbertistes l'emportèrent sur les libéraux. La télévision rentra ensuite tout naturellement dans le moule du « modèle Chappe » (statuts de 1959 et 1964 définissant la radiotélévision française comme « service public national »). L'histoire des transmissions sur deux siècles, appendice français au livre universel intitulé « De l'impuissance de l'ordre juridique face à l'invention technique », raconte les grandes métamorphoses de notre État : État-gendarme, État-Providence, État-partenaire [1].

L'internationalisation économique et technique des réseaux de communication, qui abat les frontières, supprime les distances et tourne les législations ; le renchérissement des coûts d'exploitation joint à l'appauvrissement de l'État ; la valeur économique grandissante de l'information et sa force d'attraction croissante sur les puissances du marché ; la suspicion pesant, à juste titre, sur les effets politiques de la tutelle publique, source d'abus et de censure ; la pression des exemples étrangers et l'appel aux droits et intérêts des usagers – tous ces facteurs et d'autres ont peu à peu renversé le rapport de forces entre colbertistes et libéraux et aligné le cas français sur les modèles anglo-saxons de l'initiative privée. Et ce, jusqu'à la dénationalisation des réseaux et la déréglementation en cours. Pour la radiotélévision, la réforme de 1974 marqua le tournant du droit et des mentalités. Refusant l'idée d'un holding d'État fédérateur (avancée par le président-directeur général de l'Office, M. Marceau Long), la majorité libérale d'alors mit fin au « monolithisme de l'établissement public » : éclatement de l'O.R.T.F. et introduction de mécanismes concurrentiels entre les sociétés. La suite est connue : la fin du monopole et la privatisation des chaînes s'avançant en « libération » (pour qui, ce n'est pas dit).

1. Voir Pierre Musso, « Les débats autour du vote de la Loi de 1923 », in *L'État et les Télécommunications en France et à l'étranger, 1837-1987*, sous la direction de Catherine Bertho-Lavenir, Genève, Librairie Droz, 1991.

Tentons une remise en perspective médiologique, et non polémique ou politique, de ces péripéties.

Historiquement, en Occident, la sécularisation de l'autorité politique est passée par la conquête de l'autonomie mythologique. Pas de pouvoir temporel indépendant du pouvoir spirituel sans la capacité pour lui de fabriquer ses sortilèges et proposer, sinon imposer sa « version des faits ». La récente séparation de l'Église et de l'État peut s'interpréter comme le sommet d'un millénaire « à chacun sa légende ». Elle aurait pu se traduire par ce discours, côté État laïque : « À vous les églises, à moi les écoles. Gardez les femmes, je m'occupe des enfants. Faites les sermons, je fais la classe. Les adultes, pour partie, lisent les journaux ? C'est un risque (50 quotidiens à Paris en 1914, avec un tirage de 6 millions), je l'admets. Mais je suis désormais assez fort pour le prendre, et je ne manque pas de moyens, croyez-moi, pour encadrer comme il faut la liberté de la presse (loi du 29 juillet 1881). Je vous tire ma révérence. »

Déposséder une « institution imaginaire » des industries de l'imaginaire fait plus qu'offenser son orgueil. La privatisation du faire-savoir et du faire-croire équivaut à une prolétarisation de la puissance publique. Prolétarisé s'appelait l'artisan du XIXᵉ siècle séparé de ses moyens de production et les voyant se retourner contre lui comme un ennemi intime. L'introduction des mécanismes du marché dans le secteur de la communication entamée en 1974 ne sera pas sans conséquence sur l'état de santé physique et mental des communicants officiels. Plus d'audience captive ni d'émetteur sanctuarisé. Voilà l'État du stress, des ulcères et des déprimes. Dans un monde où ce qui ne passe pas à la télé n'existe pas, un gouvernant sans image a toute raison de s'inquiéter. Les sports qui ont disparu des écrans ne disparaissent-ils pas aussi des stades et des gymnases (la lutte, le poids, le javelot, etc.) ? Pas de reflet, pas de corps. Mais dans un monde où le logo compte plus que le produit et le sosie que le modèle, le polichinelle du « Bébête show » met le roi à nu devant tous ses sujets. Dans l'audimat de chaque jour et la revue de presse du lendemain le ministre, comme le Président, lit son bulletin de santé quotidien et guette le faire-part à l'horizon. Faire passer le rectificatif ou le démenti, opérer à temps la correction d'image : cette guérilla de vanités n'est plus la comédie du pouvoir mais sa tragédie.

Blessante fut déjà *la mise à niveau des temps de l'information* par la téléprésence issue du satellite. Les gouvernements ne sont désormais plus les premiers informés, les ministres découvrent la plupart du temps l'événement devant leur écran au même moment que le pékin. Blessante avait été auparavant la *démocratisation de l'image* par la pellicule d'abord, la vidéo ensuite – égratignure sociale pour les classes snobs, écorchure pour les autorités légalement constituées. Ces dernières avaient longtemps bénéficié d'un monopole figuratif de fait, matérialisé depuis l'Antiquité par les monnaies et les statues, premiers supports de propagande politique (les guerres civiles romaines étaient aussi des batailles d'images, par pièces de monnaies et effigies interposées). Dans la période moderne, du temps où le portrait était pictural, le droit à l'image individuelle était réservé à la noblesse et à la haute bourgeoisie (un tableau coûte cher). Il fut, dès le milieu du XIXe siècle, lentement étendu par la photographie, « art moyen », aux couches moyennes ; sans négliger les bas-côtés, dans la foulée : hystériques par Charcot, coureurs à pied par Marey, criminels par Lombroso, détenus par Bertillon et la photo judiciaire, lycéens par la photo de classe, estivants par Kodak clic-clac, et finalement tartempion par Photomaton. À l'ancestral exhaussement par l'image peinte, donneuse de prestige, succéda ainsi le « nivellement » par la pellicule – le studio Harcourt rétablissant à sa façon la distinction perdue. Enfin, le passage-télé vint remplacer la photo encadrée sur le mur du salon comme démarcation hiérarchique décisive. C'est juste à ce moment-là que la puissance publique, bousculée par le galop industriel et l'essor des techniques, dut renoncer à ses prérogatives ancestrales et déposer ses dernières armes, les supports, aux pieds d'un voyou surnommé Audimat, l'homme de main du pouvoir économique.

La dissociation des pouvoirs « politique » et « médiatique » n'est pas une blessure narcissique de plus. Elle nous semble élémentaire, salutaire, inhérente à toute démocratie digne de ce nom (liberté de la presse, séparation des pouvoirs, pluralisme, indépendance des rédactions). Soit. Mais dans la longue durée sociale, la dissolution de l'envers (symbolique) et de l'endroit (étatique) apparaît plutôt comme la solution d'une continuité semi-millénaire. La désymbolisation du pouvoir laïque nous renvoie à cet âge féodal lorsque la détérioration des maisons princières laissait à l'Église le monopole de la production symbolique. La logique des places, à tout le moins, est la même. L'investiture divine du seigneur lui venait du dehors et d'en haut, comme l'investiture médiatique du leader actuel. Le suzerain féodal, qui s'est imposé par la force des armes à ses rivaux, reçoit ses insignes de souveraineté des ministres de Dieu comme aujourd'hui le candidat à la magistrature suprême, qui s'est imposé par la manœuvre à ses concurrents de parti, attend son investiture des archevêques du « on » (le médiologue résiste à tout sauf au démon de l'analogie).

III

LES AVENTURES DE L'INDICE

Le transfert du symbole vers l'indice ou du texte vers l'image a fait apparaître l'État sympathique, c'est-à-dire culturel, humanitaire, écologique, etc. Le message sans code en est l'axe dynamique. Cet État marche au choc plus qu'au poids, et préfère le direct au différé, le document à l'œuvre, le journalisme à l'histoire. Feue la société du spectacle a cédé la place à la société du contact. Marcel Duchamp fut l'annonciateur de cette révolution.

Loin de se chasser l'une l'autre, les médiasphères s'enchevêtrent à chaque moment en figures compliquées mais on n'en connaît pas de nouvelle qui n'ait remodelé les formes d'autorité antérieures, les hiérarchies, et la définition même de l'*auctoritas*. La vidéosphère a apporté avec elle une redéfinition du chic et du choc, d'où s'en est suivi un remaniement de l'action publique. Plus attentif aux supports qu'aux messages, le médiologue met son grain de sel sur les nouveaux tours et détours de l'État séducteur. Ce qui semble aux autres une aberration politique traduit à ses yeux une normalisation technique. L'hérésie spirituelle n'est souvent qu'une orthodoxie matérielle encore inaperçue.

LE CULTUREL REVISITÉ

Dans la priorité accordée à la Culture sur l'Éducation, les meilleurs esprits ont vu une dangereuse dérive [1]. C'est

1. Marc FUMAROLI, *L'État culturel...*, et Michel SCHNEIDER, *La Comédie de la culture...*, 1992 (voir Bibliographie).

indéniable, mais la nouvelle économie cathodique des
signes d'État n'impliquait-elle pas la primauté du vécu
sur le conçu, de l'actuel sur l'ancien, ou du consommateur d'images sur le déchiffreur de textes ? Le passage de
la phase Malraux (1958-1969) à la phase Lang (1981-1993)
de notre culture d'État n'a pas seulement fait succéder le
modernisme au romantisme, la langue chiffrée de
« l'objectif » à une mystique en survol de « la mission ». Il
a remplacé le pilotage par l'icône, propre à la mythologie
de l'art, au pilotage par l'indice propre aux mythologies
du culturel. Décret Malraux 1959 : « rendre accessibles les
œuvres capitales de l'humanité, et d'abord de la France,
au plus grand nombre possible de Français... »; décret
Lang 1981 : « permettre à tous les Français de cultiver
leur capacité d'inventer et de créer, d'exprimer librement
leurs talents... » Le second décret est arithmétiquement
plus ambitieux (tout le patrimoine, tous les Français),
mais symboliquement troué : « la France » et « l'humanité » ont disparu, comme il arrive aux personnes morales
invisibles dans un univers d'écran. L'Art est Œuvre, le
Culturel, Document. Malraux offrait au plus grand
nombre la mémoire du monde, dont la métamorphose
sans fin s'appelle Histoire. Lang promettait à tous l'éter-
nelle jeunesse du monde, dont la répétition sans fin
s'appelle la Fête. L'Œuvre est une production de sens; le
Document, une sécrétion de la Vie. Toutes les ritour-
nelles sur les valeurs d'expressivité, de spontanéité, de
créativité, d'épanouissement, etc., modulent fiévreuse-
ment le paradigme indiciel.

Ce dernier est fatal à la *formation*, mais favorable à la
diffusion. Au contraire du paradigme symbolique qui
inclinait à faire de la télévision une annexe de l'école, il

pousse à faire de l'école un service annexe de la télévision (et du cours, un commentaire des émissions de la veille).

L'Éducation est grise comme une blouse. Le culturel, coloré comme notre écran. Ici, attention et fermeture, là zapping et détente. L'école fait accéder à la liberté de l'esprit moyennant quelques contraintes physiques et le culturel à une emprise sur les esprits par le biais des sensations. En vidéosphère, rappelons-le, la liberté ne se vit et ne se pense plus en termes d'autonomie mais de spontanéité. (Je ne suis pas libre quand je me donne librement une règle de conduite mais quand je m'éclate hors de toutes règles.) On apparie donc la liberté à la diffusion plus qu'à la formation. L'école qui ne décoiffe ni ne bouge ni ne surprend a par elle-même un rendement cathodique quasi nul. Aborder le latin en quatrième, l'histoire du XVIIIe siècle en seconde et les équations du second degré en terminale, ce genre de « nouvelles » ne fait pas un événement : zéro pointé indiciel. On ne fait pas de « coups » à l'Éducation, on en reçoit – ce que Malraux avait déjà deviné en son temps (la *Joconde* à Washington et la *Vénus* de Milo à Tokyo furent nos premiers « hits » culturels). Pas de coups, sauf, bien sûr, la dramatique annonce du Plan École 2000 qui « va tout changer » (mais on sait, à la longue, ce qu'en vaut l'aune). Une conférence de presse sur un organigramme et des attendus compliqués n'aura sans doute pas l'impact ni le glamour d'une soirée des Césars avec Depardieu à Cannes. Pourtant, la réforme de l'Éducation annoncée chaque année depuis vingt ans par chaque ministre qui se respecte, pour le plus grand malheur des écoliers et des professeurs, ne peut s'expliquer sans la contrainte du *faire événement*. C'est la façon la plus expéditive pour un ministre désavantagé de tenir son rang dans la jungle des effets d'annonce gouvernementaux. L'Éducation est encore « nationale » par hérédité, quoique l'Europe soit sa perspective, quand la Culture musicale et visuelle est d'emblée américaine et planétaire, donc préachetée par tous les médias européens (un ministre de l'Éducation n'attrapera jamais au vol Liz Taylor, Sylvester Stallone et Madonna, même s'il peut se rattraper, côté Collège de France, avec Umberto Eco, Gorbatchev et Élie Wiesel, stars moins espatrouillantes, mais stars). Passéiste par fonction, l'école fréquente les grands morts et transmet l'acquis sûr. « La vibration de la vie » et « la France en mouvement » ne sont pas vraiment sa spécialité, malgré les efforts en cours. En équivalent surface médiatique (E.S.M.), le ministère de la Mémoire et des Syndicats est au « ministère du Bonheur » et des Artistes ce que le grec est au loto, un lundi matin au samedi soir, un « docucu » à un vidéo-clip.

Le ministère de la Culture s'est annexé officiellement en 1978 la Communication. Tout se passe donc comme si ce ministère avait aussi à sa charge la communication du gouvernement (avec 1 % du budget total de l'entreprise, ratio normal). N'est-ce pas plutôt la Communication qui s'est alors annexée la Culture ? Déplorer la « consommation organisée de l'insignifiance », n'était-ce pas faire confiance au libellé (« ministère de la Culture *et* de la Communication ») quand il fallait lire « en » au lieu de « et » ? Il y a Culture là et seulement là où il peut y avoir Communication (audiovisuelle). À T.F.1, la rubrique Culture a été intégrée *dans* la rubrique Information (1993). Le chemin du futur ?

Élastique est le « tout-culturel ». Jusqu'où ? Jusqu'aux

limites de la saisie vidéo. La Culture sans rivages trouve ici ses bords : l'intériorité et l'intemporalité. Elle commence à un certain seuil de luminosité ou de décibels, et finit là où l'ombre commence, et le silence. Le tout-culturel est un tout-magnétique. Le défilé de haute couture a institué les « arts de la mode » ; les émissions sur les maîtres de la gastronomie, les « arts de la table » ; les parades et défilés retransmis à l'antenne, les « arts de la rue ». La promotion du graf'art, du tag et du rap allait de soi. Ne parlons pas du rock, qui a renvoyé la vieille chanson à texte du côté de la « cultura animi » cicéronienne.

Jouissance, rêverie, prière, régal, méditation : ces limbes ni « audio » ni « visuel », sans « impact » ni « retentissement » immédiats, comment en récupérer les anciens prestiges ? D'abord, en convertissant l'abîme en volume. Prolifération nouvelle des *lieux, centres, carrefours, espaces*. La Culture est Temps, le Visuel est Espace, l'Audiovisuel traduit la durée en surface. La fortune médiatique des « lieux de mémoire », thème et chose, est tout entière dans le *lieu*, là encore matérialisé par les machines à voir, au prix d'un heureux malentendu sur le thème théorique initial. Quoique objets l'un et l'autre, en effet, il y a archive et archive. Le Fouquet's, le lavoir du village ou les remparts d'Aigues-Mortes présentent sur le traité de Verdun et les manuscrits de Commynes l'immense avantage de pouvoir « faire un sujet ». La profondeur de temps qu'on acquiert à la lecture d'un roman, l'audition d'une œuvre, le spectacle d'un tableau ne se filme pas ; la hauteur et le volume d'un bâtiment, le décor d'un Salon, oui. L'obligation de faire voir, quand il y a déjà tant à voir, pousse à conserver de préférence un certain type de patrimoine – architecture d'abord mais aussi à construire grand : grand Louvre, grande Arche, Très Grande Bibliothèque, toujours grands travaux. *Small is too dangerous.* Aucun « 20 heures » ne parlera d'une petite bibliothèque municipale, d'un cours d'initiation au solfège au lycée, d'une petite fresque peinte en trompe l'œil à un carrefour : ces modestes « chantiers » ne feront jamais un flash d'envergure. Le calcul coût-utilité d'un investissement culturel n'a pas pour paramètre l'accroissement effectif du goût ou des talents, dans la population et à long terme, mais la surface d'exposition médiatique (S.E.M.) que peut, dans l'immédiat, en attendre le décideur. Cela n'est pas toujours fâcheux. Il arrive souvent que l'intérêt du ministériel à se faire mieux voir et entendre rencontre celui de l'administré à regarder et écouter plus.

Dans la propagande du gouvernement d'hier, l'affiche Culture était une image de fête, de la musique en l'occurrence. Excellent résumé. Mais qui ne vaut pas condamnation, car ce mot peut être lard ou cochon. L'historien ne connaît pas de Cité qui se soit passée de fêtes. Même Sparte... Comme dénégation des déchirures et conjuration des rides, moment de communion où s'atteste l'unité idéale d'un peuple, la fête exauce le désir inconscient de tout collectif. Pas d'époque où l'on n'ait regretté à cor et à cri la disparition des « vraies » fêtes d'antan : la nostalgie en est programmée d'avance. Nous entrons dans nos fêtes à reculons. Entrées royales, sacres, funérailles, carrousels, miroitent dans le rétroviseur républicain.

Toute festivité publique est un aveu. Elle dit à son insu comment les hommes veulent être gouvernés, et par quoi. La pudibonde graphosphère avait les siennes. Austère, doctrinale, volontariste, un rien coercitive, la fête révolutionnaire déduisait l'enthousiasme populaire d'une Idée centrale, Être Suprême ou Fédération. Les fêtes nationales de la République (le 14 juillet fut instauré en 1880) remplacent l'Idée abstraite (l'Être Suprême) par le Mythe d'origine (la prise de la Bastille) sans rompre une certaine sacralité pédagogique, mais spontanée et bon enfant. Aujourd'hui, on fait feu et flèche de tout bois, du cinéma, du livre, de la poésie, des musées, de la musique et bientôt de la langue française (ce beau Dimanche adviendra dès que nous parlerons tous américain les jours ouvrables). Il y a bien un nouveau dogmatisme de la fête mais ce n'est plus la même. De Célébration d'une origine perdue, elle est devenue Événement autosuffisant et autoréférent. La fête est commandée, structurée par sa retransmission. Modèle précontraint, mais naturel, spontané, porté par l'air du temps. L'État-spectacle avait le théâtre pour matrice, avec ses décors en trompe l'œil, sa perspective frontale, la distance entre le voyant et le vu. L'État écran a le moule télé. Avec la fête de la Musique, le ministre de la Culture, super-animateur, offre Paris comme plateau à « La Course aux étoiles ». On combine ainsi l'Exceptionnalité (une fois l'an), l'Ouverture (à tous les publics) et l'Aventure (il y a du happening dans le programme, cela remue et décoiffe), soit les trois réquisits de l'émission de grande audience sur antenne généraliste. L'État organisateur assume alors, par le biais d'une filiale appropriée (16 000 salariés, 14 milliards de francs en 1992) les frais de production du Médium commercial, ce dont il est récompensé par une retransmission en direct, partielle ou totale.

Ce n'est pas la Culture qui est devenue en France religion d'État, c'est l'État qui, *via* la culture, fait religion du Médium. L'empire auquel il prétend sur les divertissements publics traduit d'abord l'empire que l'indice exerce sur lui. Cette prétendue tyrannie n'est pas signe de puissance mais de son impuissance à préserver un espace symbolique de légitimité propre. La preuve : la transmission des valeurs (objet ultime de la Culture) est décidée *in fine* par l'industrie culturelle et la loi du profit, non par lui. Comme la place du pays dans les relations internationales est décidée par la logique de l'hégémonie, non par ses mises en scène humanitaires.

Chaque médiasphère, à chaque époque, sacralise son principal vecteur et érige son médium central en mythe suprême. Au commencement était le Verbe et le Verbe était Dieu, proclamait la logosphère (ses livres sacrés transmettent les Paroles divines, et sont sacrés pour cela même). À notre orée était la presse à bras et Gutenberg est notre héros, proclamait la graphosphère (la Révolution française dressa un autel à l'inventeur de Mayence). La vidéosphère renverse les autels iconoclastes de l'imprimerie. « L'État culturel » : petite monnaie nationale de l'absolu mondial qu'est l'idole électronique, grossie au prisme de l'héritage monarchique. Ne prenons pas la cause pour l'effet : l'État n'a pas une politique d'image, l'image-son a une politique d'État. Ne disons pas : « le culturel, l'économique et l'humanitaire sont " médiatisés à outrance " », mais plutôt le médium s'est humanisé, culturisé, économisé et ainsi de suite. Le Prince croit se servir de sa « cellule communication » quand, à son insu, il dessert la divinité nouvelle. L'art politique consiste à traduire une contrainte en programme. Exemple lyrique : « En France, l'État a pour priorité la Culture. » Le médiologue est un chien : dans tout idéal affiché, il lit d'abord l'idéalisation d'un outil caché. Il traduit donc les envolées sur la Vie, le Partage, la Jeunesse, par un trivial et subliminal : « si tu veux continuer d'exister, mon vieux, tu dois en passer par là » que lui souffle en catimini son médium mentor.

LE MERVEILLEUX HUMANITAIRE

L'emballement humanitaire ne serait-il pas d'abord un fait électronique ? Ce n'est pas un hasard s'il apparaît en France au même moment que la vidéosphère – après 1968, au Biafra. « L'an I de la générosité mondiale. » Comme le notait alors sur place Jean-Claude Guillebaud, « nous étions devenus, nous journalistes, à notre corps défendant, des espèces de marchands d'horreurs et l'on attendait de nos articles qu'ils émeuvent, rarement qu'ils expliquent ». Et de conclure alors, ce qui ouvrait sur l'avenir : « Le Biafra attendait que l'on s'intéresse à sa cause et nous ne nous sommes prudemment occupés que de ses souffrances. Il en est mort [1]. »

Si « le culturel », c'est ce qui arrive à la culture quand elle est télévisée, « l'humanitaire », c'est le devoir d'humanité saisi par l'image-son. La nouvelle transmission a transformé le « faire preuve d'humanité » en preuve par l'humanitaire, l'acte ponctuel en vision du monde. La « charity-business » est en ce sens la fille légitime du stéthoscope et de la vidéo, née des noces de la vieille médecine missionnaire et du satellite de diffusion directe.

---

1. « Biafra, ou les nocifs paradoxes de la charité », *Sud-Ouest Dimanche*, février 1970.

Entre le docteur Schweitzer et le docteur Kouchner,
l'humanitaire a changé d'échelle et de nature. L'exemple
individuel devient recette universelle, l'éthique privée
une politique de remplacement. Dans cette dilatation
géographique et cette inflation mythologique, le médiologue voit surtout le passage du cinéma à la télévision,
qui conduit d'une morale graphosphérique (protestante et
réservée) à une morale vidéosphérique (catholique et
conquérante). Le « devoir d'ingérence » a d'abord
converti en norme juridique une nouvelle capacité technique : la traversée des frontières nationales par les ondes
hertziennes. Et un nouveau droit de regard du Nord sur
le Sud (les caméras et les satellites sont au nord, les
famines au sud). Au-delà de ce rapport de non-
réciprocité, effet du développement inégal, et dont le
Nord n'a évidemment aucune conscience, on ne peut
comprendre l'universalisation aussi rapide du nouveau
droit humanitaire sans considérer que l'espéranto visuel a
unifié, lissé en surface le monde babélien des langues, des
niveaux de développement et des structures sociales. Un
nouveau cosmopolitisme est né (il en est de toutes sortes,
depuis les stoïciens), mais celui-là est plus superficiel que
réel. La transmission à deux dimensions du malheur
efface en effet la troisième, sa profondeur historique.
Séparés les uns des autres par des fossés que seule l'histoire explique mais que nous ne voyons pas « à l'image »,
ces fragments d'humanité souffrante nous apparaissent
fraternels mais, toute sensible qu'elle soit, « la grande
famille des hommes » est une abstraction qui ne permet
ni la compréhension ni l'intervention. La crédibilité du
message humanitaire ne lui vient pas fondamentalement
de l'ubiquité et de l'instantanéité des transmissions mais

de la *délocalisation du local* et de la *détemporalisation du temps* par l'espace-temps de la vidéosphère. L'image à l'état brut qu'est « l'indice » ne porte pas d'indication géographique ni chronologique. L'image d'une famine en Somalie, d'une tuerie en Bosnie, d'un séisme en Arménie ne s'impose pas à nous comme somalienne, bosniaque ou arménienne. Le visuel parle toutes les langues, *parce qu'il n'en parle aucune.* Devant notre écran nous sommes partout chez nous, et l'opposition national/étranger n'est pas pertinente. La fin des réflexes « idéologiques » nous a, certes, permis d'ouvrir les yeux sur la douleur des hommes réels, mais la télévision tend aussi à dépouiller ces douleurs de leur sens, en abolissant leurs différences profondes. Vus de loin, tous les blessés se ressemblent ; toutes les guerres aussi ; il n'y a plus que des corps, et non plus des hommes, porteurs de telle ou telle valeur. Un *news* en direct gomme la carte géopolitique des lieux (territoire, État, langue, voisinages, etc.), ainsi que la carte sociopolitique du collectif impliqué (confession religieuse, organisation sociopolitique, structure familiale et démographique, etc.). Apparaissent alors des corps prétextes à soins, des fantômes de chair hors situation et pourtant terriblement présents, des exemplaires quasi interchangeables et par là déshumanisés de la Faim, la Détresse, la Guerre. Comme le médecin dans son geste soignant, l'humanitaire télescope le plus abstrait et le plus concret. Il réduit tous les hommes à leur plus petit commun dénominateur : leur corps, et leur souffrance. Vérité et honneur du médecin, mirage et aveuglement du politique. Un Bosniaque n'est pas un Croate ni un Indien hindou, un Indien musulman. La preuve, sur place, ils s'entre-déchirent. Mais tous les hommes qui souffrent, qu'ils soient polythéistes ou monothéistes, de gauche ou de droite, agresseurs ou agressés, méritent un traitement égal de la part d'un médecin. Henri Dunant, en 1859, fit une révolution en prodiguant les mêmes soins aux blessés italiens, français et autrichiens au soir de Solférino mais il n'a jamais pensé que la Croix-Rouge allait ouvrir une nouvelle époque dans l'histoire humaine. Il ne prétendait pas mettre fin aux guerres, aux camps et aux massacres. Le gonflement de l'initiative humanitaire en idéologie donne à croire, au contraire, que la clé de la Justice est enfin trouvée. Cette croyance s'accrédite de l'homogénéisation par le visuel d'une humanité hétérogène. Cet escamotage des profondeurs par la surface favorise l'illusion politique tout en validant les compassions individuelles. Et il y a chausse-trape dès que l'*agir* doit s'aligner sur le *sentir*, et le *sentir* sur le *voir*. Car le concret d'une situation historique, ou ce qui rend telle ou telle souffrance vécue irréductible à toute autre est évacué du petit écran. C'est pourquoi l'activisme médical ne remplacera jamais une politique étrangère (comme l'idéologie si sympathique des « Droits de l'homme », dont l'utopie humanitaire et non moins sympathique est directement issue). Ce handicap, si c'en est un, est un atout en termes de communication. La vidéosphère se moque du long terme. Dans l'immédiateté indicielle, la dramaturgie humanitaire est supérieure à toutes ses concurrentes. C'est une leçon de choses. Regardons-y de plus près.

Le scénario écologique nous présentait l'homme face à la nature ; le scénario culturel, l'homme face à ses œuvres ; l'humanitaire va droit à l'existentiel : la condition humaine à l'os, à vif, sans fioritures ni fauxsemblants. Mais ce direct-là est déjà un faux-semblant.

L'État humanitaire a besoin du reportage humanitaire, sans quoi sa sollicitude désintéressée pour les souffrances humaines resterait inaperçue ou sujette à caution. Le film fera foi. Mais le film est en soi un trucage, comme tous les films. Nous ne verrons donc pas le ministre de passage, en forme et suréquipé, déposé par un avion du Glam (champagne à volonté) sur les lieux du dénuement indicible. Nous ne le verrons pas non plus repartir quelques heures plus tard par la même voie, rejoindre à Paris sa famille, ses bureaux, ses voitures à chauffeur, ses lieux de villégiature, etc. Les à-côtés de la vertu occidentale, innocents, anodins et du reste inévitables, seront coupés au montage. Pas plus que l'arrivée fastueuse d'Alain Delon en Rolls et tenue de golf aux studios de Billancourt, où il sera pour quelques heures un repris de justice en guenilles traqué dans la jungle des villes, n'était dans le polar de Melville. L'humanitaire *réel*, comme le thriller *réel*, c'est celui, abstrait, qui nous est transmis en fin de parcours, filtré et lissé, coupé du long et lourd processus de sa production en amont. L'humanitaire réel, c'est son image-pour nous, non sa réalité en soi. C'est le miracle du cinéma qu'une année de travail de deux cents personnes et d'innombrables appareils s'abolisse en aval dans le saisissement d'un gros plan, qui vous étreint quelques secondes, mais pour longtemps, au fond d'une salle obscure. La technique de prise de vues a pour but de s'effacer comme technique, une bonne production s'évanouit dans le produit. Mais dans le geste humanitaire, plus de scénario ni d'acteurs : c'est du vrai, donc du reportage et non de l'artifice. Dans le docudrame d'un sauvetage, quand le convoi chargé de vivres et de médicaments, avec le ministre à bord en plan serré, pénètre dans la bourgade de

montagne bosniaque remplie d'enfants malades ou ampu-
tés, la fonction *conative* propre au message politique (ces
images me sont adressées pour m'émouvoir et me mobiliser, elles n'ont pas été prises au hasard ni sans motif)
fusionne avec la fonction *référentielle* propre au reportage
d'actualité (ces images ne sont pas là pour faire joli, elles
disparaissent en tant qu'images devant la réalité). L'écran
n'est pas un tableau noir ni une scène de théâtre, mais
une plongée fusionnelle dans l'horreur vécue, où s'entre-
mêlent mon dedans et ce dehors. La séquence est montée
comme un *clip*, mais irréfutable comme un *news* et captivant comme un *serial*.

Comme la Culture et l'Environnement, l'Action humanitaire est source d'images (et d'abord des protagonistes
en titre). Mais elle possède sur ses concurrents trois avantages cumulés. Ses images sont *narratives*; cette narration
est *participative*; cette participation est *performative*. Le
drame, plus l'identification, plus l'interactivité : cette
addition est exclusive.

La narration : « Au commencement était la fable, elle y
sera toujours », disait Valéry. Déjà un photogramme,
image fixe d'un instant, est temporalisé par notre regard.
Nous reconstituons spontanément l'avant et l'après de
l'instantané, inventons une action, des péripéties, un
dénouement. *A fortiori* une séquence télévisée. Ici, la performance en style direct est prise dans le récit d'une
action en cours, avec ses aléas, ses attentes, ses crises.
Encore hier, il y a eu un massacre ici, ou un bombardement, ou un séisme; on relève les corps sous nos yeux, et
les survivants qui nous regardent hébétés ne sont sûrs de
rien, nous non plus. Faudra-t-il demain une intervention
militaire pour ramener à la raison les criminels ? La trêve

va-t-elle durer ? Cet enfant squelettique que notre champion prend dans ses bras va-t-il survivre ? Ce prisonnier auquel il sourit sera-t-il battu par ses geôliers après notre départ ? Le convoi humanitaire où nous nous trouvons passera-t-il les barrages des milices de tueurs ? Ce sac de riz qui écrase nos épaules sera-t-il confisqué dans cinq minutes, quand nous aurons tourné les talons, par les pillards qui rôdent hors champ dans les fourrés ou les ruelles alentour ? La suite au prochain épisode. Rodolphe reviendra. *Les Mystères de Paris* ont pour cadre la planète.

Le scénario écologique n'est pas toujours fade, si l'on ose dire, voir l'*Amoco-Cadiz* et Tchernobyl. En régime de croisière, nous avons : la coque du pétrolier résistera-t-elle aux marées d'équinoxe ? La mouette aux ailes bitumées pourra-t-elle nourrir ses petits ? La fissure du réacteur nucléaire sera-t-elle colmatée à temps ? L'énormité des catastrophes réelles ou éventuelles les rend abstraites, hors de prise. Nous sommes « commotionnés » mais « dépassés ». Comment se battre contre un séisme à Mexico, une marée noire en mer du Nord, un incendie dans les Maures ? Quant au scénario culturel, trop luxueux, il reste une cérémonie, dans un deuxième degré symbolique et interchangeable. Cette inauguration d'un nouvel Opéra, cette remise de Légion d'honneur à un grand acteur américain, ce festival mondial de la chanson ou de la B.D. est amusant, valorisant, voire sublime. Seulement, ils auraient pu avoir lieu hier ou demain, c'est indifférent ; et ils ne nous donnent rien à attendre, à redouter ou espérer. Lieu, centre, maison, hall, palais, salle, il n'y a, autour des officiels, que de l'espace à voir, un nouvel espace à consommer, avec un mirobolant « people » que nous dévorons des yeux, une volée de stars

auréolant le ministre qu'elles entourent, mais notre extase
reste statique, sans temporalité à épouser. On admire, on
envie, on convoite – sans vibrer. La comédie culturelle,
mimésis sans *diégésis*, représentation sans récit, fait des
super-spectacles mais des sous-séries.

La participation : « Le message qui circule le mieux est
celui qu'un récepteur peut facilement reprendre à son
compte et coproduire » (Daniel Bougnoux). Le point de
vue humanitaire sur l'humanité est à information faible
et communication forte. L'aventure pleine de surprises et
de sensations fortes apparaît comme une production
visuelle de redondance. Elle confirme ce qu'on savait déjà
(l'inlassable bonté de nos intentions), mais « entre deux
informations, nous rappelle Bougnoux, la mieux reçue
sera toujours la plus redondante ». Qu'ai-je appris sur la
réalité économique, politique, culturelle, géographique
du Bangladesh, de la Somalie, du Kurdistan, de la Bosnie,
etc., à la fin de la séquence du journal télévisé, ou du
« spécial » de nos envoyés spéciaux ? Rien, sinon qu'il y a
là-bas une terrible inondation, famine, bombardement,
massacre, guerre civile, mais qu'heureusement nos amis
sont là, ministres, chanteurs, intellectuels, acteurs, sur
place, en chair et en os (pas d'erreur possible : c'est bien
eux, on ne voit d'ailleurs qu'eux au premier plan, leur
visage familier vient authentifier, leur visage authentique
vient nous rendre familière la désolation qui les encadre
et à laquelle, sinon, nous risquerions, téléspectateurs, de
ne pas vraiment nous intéresser). Pourquoi cette guerre
civile, comment, depuis quand, avec quels effets à moyen
et long terme ? Cela ne sera pas dit, qui serait trivial et
responsabilisant. L'humanitaire *naturalise* l'histoire –
c'est la fonction ancestrale du mythe. D'où sa force

d'expansion dans un Occident privé de ses légendes. Son premier ressort est celui qui nous fait aimer la télévision elle-même : le goût du voyage, notre ultime poésie. Michel de Certeau : « Il n'y a jamais eu de mythologie qui n'ait eu la forme du voyage : le voyage mystique, " l'itinerarium ", ou bien le voyage romanesque, dans l'imaginaire, ou en Grèce, au Brésil, ou la quête du Graal ou les aventures d'un héros [1]. » Le télévoyeur est un voyageur sédentaire. Il prend de bonne grâce une évasion pour une aventure. L'action humanitaire le fascine, l'action sociale l'intéresse. Seule la première nous fait plaisir car les Tropiques émerveillent et les banlieues rebutent. Un million de R.M.I. domestiques ne vaudra jamais, médiatiquement, un seul corridor humanitaire au loin. Comme dépaysement, l'Humanitaire aussi est une fête : il donne congé au quotidien autant qu'à la raison calculatrice. La scène ne tournera pas au cauchemar car, outre que le voyage ne dure que quelques minutes (quelques heures pour notre champion), l'exotisme du cadre est aussitôt tempéré par notre connivence avec le protagoniste, personnage familier du roman national. Le vertige sans la panique, le transport sans la transgression : ce genre de randonnées élargit nos horizons sans briser nos clôtures. Elle fait gagner en champ de vision sans menacer notre champ mental (« on a beau dire, c'est nous les meilleurs »).

Dans la panoplie des sujets chaque jour offerts aux diffuseurs, ce sont ces images dites « dures », qui ont le plus de chances d'être « reprises ». Celles que les organes d'information ont le plus *intérêt* à reprendre, et nous, téléspectateurs ou lecteurs, à regarder. Eux, parce que trans-

1. Michel DE CERTEAU, « Mass media, culture, politique », *Éducation 2000*, avril 1978.

mettre une bonne action est en soi une bonne action;
nous, parce qu'en être les témoins directs, c'est déjà en
être auteurs, par transfert ou procuration. Suggérant une
reconnaissance plutôt qu'une connaissance, l'identification chevaleresque coupant court à la distanciation critique, ce type de messages établit une communauté senti-
mentale *immédiate* entre émetteur et récepteur. Il comble
nos désirs les plus profonds et les plus humiliés. Que
rêvons-nous d'être au fond de nous-mêmes sinon magna-
nimes, intrépides, dévoués, présents sur tous les fronts du
malheur? Le Délégué officiel au beau geste, un type bien
par surcroît, qui fait don de son image à notre misère
morale, incarne « l'idéal du moi » de tout un chacun.
L'humanitarisme est un narcissisme généreux. C'est la
plus noble coquetterie que peut nous offrir en partage
une société où l'inquiète fascination de soi sert de mobile
à tous.

Comment démêler ici l'amour du prochain et l'amour
de soi? Comment savoir si l'État et le ministre sont au
service de la misère humaine ou si ces petits squelettes
ambulants sont là pour servir l'image de l'État et du
ministre? « Sans image, pas d'indignation, note justement
Bernard Kouchner. L'ennemi essentiel des dictatures et
des sous-développements reste la photographie et les sur-
sauts qu'elle déclenche. » L'éloge des objectifs comme
révélateurs de l'insupportable est objectivement fondé.
Reste à savoir pourquoi faut-il chaque fois se mettre soi-
même devant l'objectif. Saint Vincent de Paul, mort en
1660 et canonisé en 1737, ne se faisait pas peindre avec les
galériens, les pauvres et les malades. La postérité seule se
chargea des chromos. La canonisation immédiate par
l'instantané couleurs, accélération vidéosphérique, donne

à la charité du gros plan un tout autre arrière-fond que l'amour d'un Dieu invisible. « Le passage du vécu local à l'exhibé ubiquitaire » (Alain Joxe) qu'autorise le satellite de diffusion offre à l'individu bien placé (devant une lentille) les moyens de sa propre collectivisation. La photo à petite échelle, la télé plus largement, ont eu le mérite social de démocratiser le narcissisme, naguère réservé à ceux qui avaient assez d'argent pour commanditer un tableau (qui, de surcroît, restait dans la famille et ne circulait pas). Un particulier peut désormais se mondialiser instantanément. De ce point de vue, pour ceux qui ne savent pas chanter avec une guitare, ni tuer en série, l' « aventure humanitaire » sous l'œil des caméras reste un pis-aller acceptable.

Le performatif : dans la Cité indicielle, un témoignage est plus percutant qu'une analyse. Le premier est physique, la seconde intellectuelle. Le témoignage, énonciation à la première personne, pris sur le vif, en direct, est chaud ; l'analyse, énoncé impersonnel, en différé, hors contexte, est froide. En vidéosphère, la relation l'emporte sur le contenu et l'énonciation compte plus que l'énoncé. L'important, c'est le contact, non le discours. Or l'image-son est beaucoup plus contagieuse et participative que le discours logique. L'optimum de la relation est du côté de l'indice (l'image en direct), non du symbole (le mot écrit), ni de l'icône (le plan cinéma). « Une image vaut mille mots », disait déjà Confucius, parce qu'elle ratisse plus large (lettrés et illettrés) et drague plus profond. Meilleure parce que « primaire », au sens économico-dynamique que donne Freud à ce mot pour caractériser l'énergie physique déliée s'écoulant librement dans les mécanismes inconscients du désir (le langage articulé, secondaire, sup-

posant ligature et contrôle). Meilleure parce que prenant
en masse son public, en court-circuitant sensoriellement
ses facultés critiques. L'univers indiciel a pour devise :
plus de transposition, « the real thing » ! Plus de rapport
en style indirect, de l'action vive en direct ! Traduction
petit écran : la *petite phrase*, c'est pratique ; le *petit geste*,
c'est dynamique. Traduction « supplément littéraire » : le
compte rendu de bouquin, cérémonie laborieuse, pénible
pour les deux bouts de la chaîne (le critique et le lecteur),
remplacé par la *rencontre* photo avec l'auteur en chair et
en os, festivité légère à tous. Traduction « émission culturelle » (à l'étage supérieur de l'indice) : l'entretien préparé
du médiateur avec l'auteur (Dumayet) remplacé par
l'affrontement des auteurs eux-mêmes (Pivot), la courtoi-
sie studieuse par la boxe joyeuse. Partout, l'exposé des
faits ou des idées cède la place au plaidoyer et au réquisi-
toire pour ou contre des personnes physiques. Le plus
chaud élimine le moins chaud. Reportage contre édito,
direct contre différé, c'est, en termes d'émotion, pot de
fer contre pot de terre. Non seulement la séquence-télé,
transmise en temps-lumière, « brûle » l'article de journal
aux délais plus longs, et lui dame le pion en temps de
crise. Mais sa charge affective, et donc son potentiel performatif, déclassent l'énoncé linéaire. Le récit en images
rapproche le sujet regardant du sujet regardé : nous adhé-
rons naturellement à ce qui nous parvient comme naturel
(la vue sans prise de vues).

En graphosphère, le témoignage ne vaut pas preuve (il
doit être établi, vérifié, critiqué, pondéré, etc.). En vidéosphère, il n'y a pas de faux témoins. C'est pourquoi on
aura toujours intérêt à se rendre sur place, ne serait-ce
qu'une heure ou deux, se faire photographier et inter-

viewer « en situation ». Les humains volent, les photos restent : dix minutes de comédie peuvent faire la légende d'une vie et parfois son tragique. Peu importe si Malraux ne savait pas conduire une voiture : le courageux mythomane restera à nos yeux pour l'éternité, debout dans son mono d'aviateur sur fond de biplan, pilote volontaire de la République espagnole. Peu importe si le correspondant à Washington récite des billevesées extraites du journal de la veille, pourvu qu'il le fasse sur fond de Maison-Blanche. Le poids des mots se mesure au choc des photos. L'indice rend le symbole conducteur, non l'inverse. Le *pathos* norme le *logos*.

Le champion humanitaire optimise cette nouvelle logistique du sens. Homme d'action et de terrain, il incarne l'opposé du politicien de salon et du théoricien en chambre. À d'autres le blabla ; lui, il fait. Il ne discourt pas en l'air, et il a le droit de parler, lui. La preuve, il y a été (voir photo). Ce qu'il dit ne tient pas debout ? Et ce qu'il a fait, ce n'était rien, peut-être ? Il n'a pas résolu le problème, vous non plus du reste, mais il a sauvé des enfants et c'est toujours mieux que rien (voir photo). En fait, il pousse à son meilleur chacun des termes de la relation médiatique : super-témoin de l'aide humanitaire, il en est le protagoniste, prenant plus que sa part du fardeau de l'homme blanc (un sac sur l'épaule) ; à l'autre bout de la chaîne, le jeune téléspectateur aussi se retrouve acteur à part entière. Il est appelé à rentrer *dans* l'écran, à s'impliquer dans l'action en cours, pour collecter et acheminer lui-même le riz salvateur, de l'épicerie du coin à Mogadiscio, *via* son lycée. Après la société du spectacle, le monde de la performance (« the real thing »).

On appelle « performatif », depuis Austin, l'énoncé qui

modifie un état du monde au lieu d'en dresser constat
(« je déclare la séance ouverte »). L'image humanitaire est
performative parce que sa réception modifie l'état de
l'opinion, et ce faisant, induit des actes de gouvernement
(en bonne règle démocratique). Ces reportages de
famines et d'exactions lointaines ne rapportent pas seulement des faits, ces images ressemblantes déclenchent des
conduites à des milliers de kilomètres de là. Émouvoir,
c'est mettre en mouvement. Les « actes de langage » sont
pour l'ordinaire liés à la position sociale du locuteur. « Le
franc est surévalué » n'a pas la même portée si celui qui le
dit est une ménagère excédée ou le ministre des Finances
en exercice. L'apparition de ces nouveaux vecteurs
d'émotions brutes que sont les médias électroniques a
démocratisé la faculté performative en étendant la position de pouvoir institutionnel à tous ceux qui sont en
capacité d'émettre massivement de l'image-son émo-
tionnelle – le fait de répandre, passé un certain seuil,
créant le droit d'interférer par-dessus la tête des officiels.
Tous les journalistes (comme naguère les écrivains enga-
gés) rêvent précisément d'agir sur le monde par leurs
articles ou leurs émissions, de « faire des choses » avec des
signes, de mobiliser la terre entière. C'est le rêve
commun, ou la mission partagée du médiatique et du
politique. « Porter le fer dans la plaie », la mission du
grand reporter selon Albert Londres, n'est-ce pas vouloir
opérer et guérir le corps social de ses maladies ? En ce
sens, le passage du publiciste au statut d'homme public
est la continuation du projet d'influence par d'autres
moyens. Simple médecin en mission, l'animateur humanitaire pratiquait déjà une sorte de journalisme d'investigation. Il devait alors rallier les regards pour rallier des

donateurs et financer son association. Vendre son produit, c'est le montrer : pas de marketing sans caméra. Seul le reportage rendra possible le publipostage, la séduction audiovisuelle, la levée des fonds bénévoles. La position d'État donne au missionnaire les moyens du rêve magicien qui est au fond de tout transmetteur : transformer immédiatement une information en énergie. Ou une description en prescription. Le responsable humanitaire et le journaliste humaniste peuvent espérer changer l'état du monde sans lui faire violence, par le seul recours à l'efficacité symbolique. Simplement, le ministre a plus de moyens (de transmission, de déplacement, d'information, d'intervention, etc.), et les mettant à disposition de ses collègues moins favorisés, selon la nouvelle règle de coproduction État-média de l'événement utile, il devient le *primus inter pares* de la corporation. Impossible, en société indicielle, de défendre une cause sans exalter celui ou celle qui l'exalte. Le « type » général (l'Humanitaire) n'est saisissable que dans et par le « token » individuel (Monsieur Humanitaire) – contrainte audiovisuelle. Je ne sais pas bien, philosophiquement, ce qu'est la charité, valeur et limites, mais qu'importe, si je puis voir, entendre et suivre l'abbé Pierre. Même si je ne fais rien pour aider Emmaüs, voir sur mon petit écran la sainte allégorie me dédommagera de ne pas passer à l'acte. La performance télévisuelle : quand l'image de l'innocence m'innocente, ou d'un acte héroïque fait de moi spectateur, un héros agissant. La performance consiste à faire prendre une émotion pour un engagement.

LE MEILLEUR MESSAGE EST SANS CODE

Les mots font de la politique (même à leur insu). La musique et l'image n'en font pas. La poésie non plus, qui loge la musique et l'image dans la prose. La malédiction de l'univers politique (non seulement la méchanceté des sentiments dont il s'abreuve mais l'éphémère et le truqué des mauvaises raisons qu'il exhibe) commence et finit avec le discours. Tout ce qui permet d'échapper au _logos_ est donc bon, et d'abord pour le politicien. Ce dernier aura tout avantage à se faire voir au concert et à se confier aux caméras. La mélodie et le cliché auront la vertu éminemment politique de le dépolitiser, d'en faire « un homme comme vous et moi ».

L'intérêt des rubriques écologique (une nouvelle marée noire!), culturelle (un nouvel Opéra!), humanitaire (une nouvelle famine!) est dû moins au « choc des images » qu'elles peuvent susciter, beaucoup plus et mieux que les vieilles bureaucraties dont elles sont issues, qu'à ceci : ces indices ont le privilège (et non le handicap) de l'apolitisme (le _a_ n'étant pas privatif mais cumulatif). Le cormoran goudronné, la danseuse étoile décorée et le bébé squelettique (pour s'en tenir aux clichés-logos, aux emblèmes émotionnels de la fonction) sont transpolitiques, donc omnipolitiques. Servent à tout et à son contraire. L'ambivalence gauche-droite des culturels, des humanitaires et des écologistes monnaye en aval, cent cinquante ans après, l'ambiguïté originelle et constitutive de n'importe quelle photographie (y compris d'actualité), passible d'une lecture de « progrès » comme de « conservation » et à laquelle le regardeur peut faire dire ce qu'il veut.

L'indice, inscription automatique d'un référent sur une surface sensible, sans l'intervention d'un code culturel, fait retour du social à la nature, et du langage au « message sans code », plus captivant et plus attrape-tout. L'indice branche, le symbole débranche. Ou plutôt l'un peut brancher le premier venu, contrairement à ses rivaux. Il faut avoir la foi pour comprendre une icône dans sa vérité, ou bien une certaine culture théologique, héritée ou apprise. Il faut avoir du goût pour apprécier vraiment un portrait peint, l'analogie faite de main d'homme. N'importe qui, orthodoxe, catholique ou béotien peut *recevoir* en revanche le choc émotif d'une empreinte chimique. Une photo, c'est tout ce qui peut se saisir sans recours au dictionnaire, « tout ce qui est fascinant » (Barthes). Elle n'exclut rien ni personne, elle se reçoit. Elle fait fi de toute idéologie et credo.

La fascination photographique est de type « centriste », d'où son succès politique. « Opportuniste » par sa nature d' « œuvre ouverte » (à toutes les interprétations). On ne sait jamais d'avance ce qu'un spectateur va voir dans une image, la réception déjoue l'intention, pour le plus grand embarras des preneurs de vues. Mircea Eliade raconte dans son journal que, dans un film éducatif sur les méthodes de lutte contre les moustiques montré à un village africain, les villageois ne s'obstinaient à voir que des poulets passant par hasard au premier plan. Nous sommes tous des villageois africains : à l'auberge du visuel, chacun apporte sa perception. Mais cet inconvénient a un avantage : l'image, plus que le mot, favorise « l'ouverture ». Les mots les plus neutres du vocabulaire politique ont une connotation, une histoire, une couleur qui leur collent à la peau et nous permettent d'épingler en un clin d'œil celui qui les emploie sur telle ou telle case de l'échiquier partisan. La photo est d'abord dénotation : elle montre, sans qualifier. Elle désarme les lexiques en nous. Efface les causalités, les voisinages, les généalogies. Présenter, c'est toujours un peu innocenter. En quoi la photo partage l'immunité du mythe, qui transforme l'histoire en nature, le parti pris en être-là (et le mythe moderne a la photo pour vecteur préféré, comme l'a constaté Barthes). « L'absence de code, note l'auteur des *Mythologies*, désintellectualise le message parce qu'il paraît fonder en nature les signes de la culture. C'est là sans doute un paradoxe historique important : plus la technique développe la diffusion des informations (et notamment des images), plus elle fournit les moyens de masquer le sens construit sous l'apparence du sens donné. » L'envers de ce bain de jouvence chimique, de cet œcuménisme foncier, c'est une certaine impuissance du document indiciel à convaincre, ou réfuter les convictions de quiconque. Il est vrai que l'émotion photographique s'enveloppant dans une évaluation qui la charge de valeurs et de sentiments, une photo aura toujours une certaine connotation subjective pour son regardeur ; mais la même photo confirmera en tant que de besoin les lectures, les souvenirs et les options les plus opposés. *Paris Match* n'a jamais fait changer un militant d'avis, chaque bord opposé trouvant dans le dernier numéro de quoi dénoncer l'autre : la plus choc des photos-choc restera toujours, idéologiquement, « juste-milieu », c'est-à-dire réversible. Créneaux stratégiques optimaux pour le rassemblement des « bonnes volontés d'où qu'elles viennent », lieux des plus fortes additions d'opinions contraires, le culturel, l'humanitaire et l'écologie occupent des sites inattaquables dans la mesure où les attaquer de front revient à se poser soi-même en ennemi de l'art, des hommes et de la Terre. Ces nouveaux domaines de l'action politique sont ainsi absolument modernes parce que absolument modérés, et les plus rentables parce que les moins politiques. Ils constituent l'équivalent en acte des propositions non falsifiables chères aux « nouveaux philosophes » (non au meurtre des enfants, non au viol des femmes, oui à la liberté d'expression, etc.). Impossible d'être contre (« Vous aimez les jeunes, monsieur ? »). L'activisme se retourne alors en formalisme puisque l'action dite humanitaire permet à un État de sauver les apparences sans avoir à prendre parti, donc à s'exposer à la critique : tout bénéfice. Le radical-centrisme de l'État humanitaire accouche d'abstentions circonspectes et soigneusement ambivalentes, à l'exact opposé des intentions du militant. L'humanitaire en avait assez des alibis politiques dont se servent les États pour ne « rien faire », et, trente ans après, il sert soi-même d'alibi à son État pour « ne rien faire » (de décisif).

Entrant dans la nasse politique, le militant bricoleur a dû payer l'écot de la conviction à la responsabilité. Tous les idéaux historiques ont connu ce retournement poisseux de l'authenticité (individuelle) en faux-semblant (organisé), du courage (personnel) en démission (étatique), de la vérité (des sentiments) en trucage (des enjeux). Personne ne lui en fera reproche. Les Tartuffe ne prouvent rien contre saint Bernard, ni les nomenklaturistes contre le Che Guevara. Kouchner et ses amis ont fait progresser la jurisprudence et les usages du droit des gens dans le bon sens. Et nul ne met un pas devant l'autre sans délirer sur le point d'arrivée. Le mouvement ouvrier a dû fantasmer la Révolution mondiale et la société sans classes pour inventer les congés payés, les délégués syndicaux et la semaine de quarante heures – avancées modestes mais réelles. Sans doute fallait-il hausser le ton, annoncer *urbi et orbi* qu'on allait réinventer la politique et rendre à jamais Auschwitz impossible pour légaliser *hic et nunc* la mise en place de « couloirs d'urgence humanitaire » et faciliter la délivrance de médicaments et de soins dans les zones de conflits – avancées certaines et utiles dont aucune victime ne s'est encore plainte.

L'ÉTAT-DUCHAMP : LA NOUVEAUTÉ RETARDATAIRE

Évoquer « la dérive des pratiques » ou « la politique malade de la télévision » reviendrait peut-être à poser comme éternel un moment passé; à dénoncer une déviance au nom d'une voie royale; une pathologie au nom d'une normalité. Notre *open State* paraît bien être aux normes, comme l'*open University*. Ses valeurs correspondent à ses vecteurs. Non qu'il pense technique, mais ses technologies pensent pour lui (l'inconscience est une bonne garantie d'adaptation au milieu). On nous reprochera sans doute de juger l'État-indice d'après les normes morales de l'État-symbole, pour dire : ceci n'est pas de l'État, comme les contemporains de la photographie lui appliquaient les normes esthétiques de la peinture pour dire : ceci n'est pas de l'art. Daguerre ne compose pas, disait-on, il recopie. Il s'est « bouché l'âme » pour s'en tenir à l'enveloppe extérieure des objets. Il humilie l'esprit devant les choses. Baudelaire, aveuglé par le romantisme de l'imagination créatrice, a craché sur les nouvelles images – et on sait comment retombent ce genre de crachats. Le médiologue ne fait pas la morale. Il sait qu'il est toujours tentant de prendre une panique pour une intelligence – en transformant un ressentiment d'inadapté en une ineptie théorique.

Gardons-nous en tout cas d'opposer une mauvaise politique à une bonne culture. Car l'État n'a fait que mimer, avec retard, le devenir des formes et des œuvres. Le rejet de la « coupure sémiotique » est le dénominateur commun des avant-gardes depuis la généralisation de l'acte photographique. La politicaillerie rattrape à peine l'artisterie. Au temps où les élites sociales communiaient encore dans le culte du livre, les inventeurs plastiques du début du siècle – peintres, sculpteurs, architectes – rejetaient déjà la beauté froide et réfléchie du spectacle pour « la beauté sera convulsive ou ne sera pas ». L'État fonctionne à « la société civile » ? Il y a longtemps que la culture fonctionne à l'anticulture, le raffiné au brut et l'œuvre au document. Que font les *installations* et les *performances* dans les galeries de peinture, à quoi visent les *land-art, body-art,* ou *arte povera* sinon à faire du référent sa propre représentation, soit supprimer le préfixe « re » ? Le succès des *Nuits fauves*, n'est-ce pas celui d'un film-symptôme, témoignage en temps réel et non fiction décalée ? Reality-book (Annie Ernaux ou Hervé Guibert), reality-song (Dutronc ou Gainsbourg), reality-show (Living et tous les modes du « one room theater »), reality-painting (fragments, débris, objets trouvés), reality-dance (Pina Bausch) gomment tous « la rampe de théâtre ». Comme les salles enveloppantes et fœtales de l'Omnimax façon Géode veulent incorporer le spectateur au grand écran, en supprimant toute distance entre nous et l'image.

En littérature, les paroles gelées de Rabelais fondent dans l'écriture-trace, oralisée et pulsionnelle (le faux premier jet). L'esthétique indicielle a précédé l'État indiciel, comme le peindre-vrai le parler-vrai, parce que *l'inconscient artistique d'une époque est la conscience politique de la suivante.* Comme Dürer sur la graphosphère, Marcel Duchamp avait cinquante ans d'avance sur la vidéosphère et le dadaïsme téléguidait l'État-dada, l'État-pop, l'État-fun. Le *Tu m'* (huile sur toile, 1918) annonçait le *big-bang* (programme politique 1993), et *Le Grand Verre* (1915-1923), avec ses transparences et ses effets de présence en trois dimensions, le devoir de transparence des « nouveaux démocrates ». La « peinturama » 1960 de Martial Raysse (un *vrai* parasol sur la sérigraphie « Tahiti », un *vrai* bout de toile cirée sur une table peinte) vend la mèche de nos Citéramas 2000. Les secrets d'État s'étalent sur les murs de nos musées. (Heureusement, les critiques d'art « ne font pas de politique », et les politiques « n'ont pas de temps à perdre ». Chacun à son affaire et les vaches seront bien gardées.)

Les préposés du long terme et du travail de prévision fonctionnent désormais au temps court ? Tout conservateur sait qu'un grand musée qui ne fait pas d'expositions est en chute libre, parce que les médias et les visiteurs vont au nouveau et non à l'acquis (il suffit parfois de baptiser « exposition temporaire » ou « rétrospective exceptionnelle » un regroupement d'œuvres régulièrement et normalement accrochées dans les salles de musée). Si le besoin de « faire événement » angoisse jusqu'aux lieux d'éternité, on s'explique la névrose des pouvoirs éphémères, et qui le savent.

FATALE ATTRACTION : LA TRACE, TOUT DE SUITE

Un État est une longue patience. Il fonctionne au temps long, et doit avoir la force d'attendre. C'est à la fois une morale et une précaution. L'historien a les mêmes. Or le temps vidéo n'attend pas. C'est un support pressé (le signal magnétique se dégrade). L'État vidéocratique l'est aussi. Il ne peut attendre les historiens – ni souffrir de confier ses secrets aux Archives nationales où, jadis, ils allaient goûter un lent sommeil réparateur, trente ou cinquante ans, selon la loi. Pour écrire son histoire, l'État-Polaroïd se fait son propre journaliste. Être crédible, c'est être vu, lu, interviewé, cité *tout de suite*. Alors, ses serviteurs grappillent et déballent. On ne sert plus, on se sert. Impatiemment. Rattraper l'instant sur l'instant, mettre le document en circulation, doubler immédiatement l'acte par son récit. C'est la règle, au sommet comme aux périphéries. Quand il avait le sentiment de participer à quelque chose de plus grand que sa personne, le fonctionnaire d'autorité avait l'humilité ou l'orgueil, ou les deux, de penser que ce qui passait par ses mains, dans l'exercice de ses fonctions, ne lui appartenait pas. Et que seul le temps, ce grand sculpteur, donnerait un jour à son action ses contours et sa place. Aujourd'hui, l'État a la taille de ceux qui l'occupent.

Le romancier pouvait écrire le journal du roman en train de se faire (Gide pour *Les Faux-Monnayeurs,* Dostoïevski pour *Les Frères Karamazov*). Les cinéastes peuvent faire le film du film (Coppola avec *Apocalypse Now*). Mais les croquis, ou la réflexion sur, venaient en ce cas après la chose elle-même. Aujourd'hui, le reflet dans le miroir vient avant l'original. La mise en abîme de l'action par elle-même a inversé l'ordre des temps. Avant même de produire quelque chose à étudier et à raconter, on décide de se prendre soi-même comme objet d'étude et de récit. Une « Mission » est créée. Peu importe où. Une bonne partie de la dotation budgétaire est aussitôt affectée par l'organisme flambant neuf au poste « communication », pour se faire connaître (et attirer aides ou sponsors). Mais une bonne moitié de cette ligne de crédit va se trouver bientôt investie dans l'enregistrement des activités dudit organisme. On connaissait le livre ou l'album subventionné (quadrichromie, papier glacé, signatures illustres) édité par les ministres sur eux-mêmes et leur action. On découvre le vidéographe habilité, compromis incertain entre le photographe de plateau 1950 et l'historiographe du roi 1750. But : fixer l'image des fabricants d'images, officialiser l'officieux, faire une deuxième scène avec les coulisses, scène finalement plus vraie et intéressante que la première, qu'elle double et démonte à la fois (en vidéo 8 ou 16).

Le narcissisme d'État devient une épidémie. Pourquoi partout cette obsession du « laisser une trace » ? Comment expliquer cette inflation mémorielle, cette boulimie de témoignages, à l'intérieur d'une vidéosphère volontiers amnésique ?

D'abord, par les nouvelles logistiques de mémoire. Photocopieuse, magnétophone, magnétoscope permettent l'archivage en direct et la prise d'empreinte instantanée. Chaque événement peut désormais advenir deux fois en même temps, ou selon deux temps en une seule fois (présent/passé) : l'original et son double. Comment résister au vertige de l'archéologie éclair ? Vincent Auriol (le premier Président de la IVe République) dès 1947 enregistrait à la dérobée ses conversations ; Nixon aussi, pour son malheur. Depuis, la trace s'est démocratisée. Chacun se muséographie en vie, en pied. Le frivole a les moyens de se monumentaliser, et on pourrait presque, désormais, mesurer le dérisoire d'une activité au soin qu'elle prend de devenir monument. Le malheur est que, avec la mise en mémoire par avance de l'actuel, on finit par rembobiner avant de tourner. Les choses s'anticipent à l'infini, le présent se vit comme déjà passé, la trace se produit d'emblée comme mémoire, dans une sorte d'espacement mélancolique du vécu que les médias anticipent et retournent en frénésie d'avant-premières désabusées. Le temps médiatique se dévore lui-même à force d'anticiper l'événement (les médias avaient fini de commémorer 89 à la fin 88, en sorte que la commémoration réelle, à la date réelle, apparut comme une copie à retardement de la « vraie »).

Les philosophes ont le discours « meta », les journalistes ont l'écho « pré » mais la fonction est la même : le sujet se grandit en rapetissant son objet. Résultat : les nouvelles pratiques du patrimoine anthume. Ce qu'on lègue passe avant ce qu'on hérite. La trace partout fait cancer, gangrène, pétrifie. « Toute réalité, observe Sylvie Merzeau, se convertit en document, le corps social se transforme en espace archival. » La trace comme telle devient une valeur. Le fait de mettre « dans la boîte » ayant plus d'importance que ce qui y est mis, c'est la boîte qui compte et non le sens qu'elle contient. Le formalisme de la trace est un nihilisme historique. Nous sommes tous traçant et il y a trace de n'importe quoi. Finalement, une trace en vaut une autre. La roue de bicyclette et une toile de Cézanne. La guerre et le reportage de guerre. L'événe-

ment et l'écho. L'homme et la marionnette. La politique
et le « Bébête show ».

EN HAUSSE : LE SUPERFLU

S'il a perdu son texte, cet État narcissique garde ses
gants. Il fait toujours grand cas du livre, administrative-
ment (Direction du Livre au ministère de la Culture) et
socialement (le chef d'État rend visite aux grands auteurs
vivants, invite les autres à sa table et publie lui-même des
morceaux soignés). La télévision, notons-le, n'en fait pas
moins, et la France est le seul pays où le déplacement
d'une émission littéraire dans une grille peut devenir une
affaire nationale. Nulle part ailleurs l'image-son et le
texte, nulle part ailleurs l'État et la littérature ne sont
aussi intimement associés. De Gaulle debout posant la
main sur une pile d'in-quarto, Mitterrand entrouvrant les
Essais sur un fond de reliures dorées : les photos offi-
cielles de la Ve République ne sont pas des simulacres. Le
complexe de l'écrit est un point d'honneur patriotique,
où communient plateaux et bureaux. Présentateur ou
ministre, nul n'atteint un statut considérable s'il
n'acquiert une dignité d'homme de lettres. Comme le
grand animateur de studio nous doit un roman plein
d'émotion, le bon candidat à la présidence se doit de nous
réciter un poème de Baudelaire dans une émission. Les
progrès de l'illettrisme et le net recul de la lecture ne
peuvent rien contre ce surmoi collectif. Il fait obligation aux figures politico-médiatiques de la vidéosphère,
grandes ou petites, de coucher sur papier leur vision de
l'avenir, leur idée de la France ou à défaut leurs souvenirs
d'enfance.

Cette mise en gloire de l'écrit prête souvent à malentendu. Seul un macluhanisme sommaire s'étonnera de voir Gutenberg couronné sous et par McLuhan. Rappelons quelques définitions simples.

La logosphère correspond à l'écrit *rare*, destiné à être *dit* en public; la graphosphère, à l'écrit *abondant* (car imprimé), destiné à être *lu* en privé; la vidéosphère, à l'écrit *surabondant*, destiné à être *montré*. La destination sociale change la nature des objets. Les Mémoires d'État de la graphosphère n'ont de commun que le nom avec les mémoires qui défrayent la chronique. La plupart des livres dont « on parle » ne sont pas faits pour être lus, analysés, et encore moins archivés, mais pour s'imposer quelques semaines comme biens de consommation et d'ostentation dans un cycle accéléré de rotation éditoriale et événementielle. À quoi s'emploient suffisamment la photo de couverture, le titre et le « prière d'insérer ». Pour le nouveau politique (comme pour le « nouveau philosophe », le « nouveau manager », etc.), le livre est une tactique et l'image une stratégie; et la première entièrement subordonnée à la seconde. La publication a l'utilité du clou x : on y accroche une émission, radio ou télé, comme un tableau au mur. Le critique qui prendrait soin de relever les trois erreurs matérielles de chaque page (attributions, datations, citations flottant entre l'à-peu-près et le n'importe quoi) se dépenserait en vain, car, rédigés en hâte (avec ou sans nègres) et consommés en survol, ils ne sont pas passibles des mêmes critères de jugement que la production livresque à l'ancienne. Ces imprimés qui font bruit ont pour fonction principale de nourrir des interviews, légender des photos, déclencher des « 7 sur 7 ». Ils n'ont pas pour paramètre l'école mais la publicité, car le

« symbole » continue de marcher, il est vrai, mais aux conditions et sous l'hégémonie de « l'indice ». Dans une campagne électorale, par exemple, il est de bonne stratégie de jouer l'écrit comme signe de supériorité et signature d'authenticité (Seguela avec Mitterrand et la *Lettre aux Français* de 1988). Il s'agit alors d'imposer l'image de quelqu'un (candidat, philosophe ou businessman) « qui-n'est-pas-qu'une-image », et qui, lui, sait écrire. Cela s'appelle « rentabiliser un différentiel d'image » ou plus prosaïquement prendre l'adversaire à contre-pied. La belle *Lettre aux Français* du candidat victorieux en 1988 n'était évidemment pas faite pour être lue par les électeurs mais pour leur être signifiée et montrée par les médiateurs en titre (commentateurs et animateurs professionnels du jeu imaginaire) auxquels elle s'adressait d'entrée de jeu. Objectif pleinement atteint : insolite, la chose fit événement, alimenta les rumeurs et relança la communication générale. Mais combien de citoyens l'ont réellement compulsée ?

On retrouve là derrière une loi médiologique. Chaque médium nouveau, non seulement se nourrit, mais *s'autorise* du médium antérieur. La parole vivante a légitimé l'écriture (logosphère). Le manuscrit a légitimé l'imprimé (graphosphère). Le livre légitime l'émission (vidéosphère). Légitimer, c'est conférer l'aura, l'*auctoritas*, et aussi le cachet. « Et maintenant, une *page* de publicité » : le neuf grandit à l'ombre de l'ancien. L'informatique a avalé la typographie, mais les ordinateurs comme les télévisions sont très soucieux de « mise en page » – en hommage à un ordre graphique qui règne d'autant mieux qu'il ne gouverne plus. Les prophètes de l'oralité sacrale ont servi de référence aux docteurs et aux scribes qui couchèrent la révélation religieuse par écrit. Les pères et docteurs de l'Église, aux premiers imprimeurs qui divulguent les Écritures. Les grands auteurs, aux industriels de l'image. Il faut donc soigneusement distinguer entre *préminence* et *prédominance*. Dans le Télétat, l'écrit a plus de *valeur* que l'image mais moins d'*importance*. La vidéosphère n'est nullement une cessation de l'écriture littéraire mais sa consécration ostentatoire par réinscription du support papier dans une nouvelle économie du signe où les valeurs de prestige compensent et remplacent la fonction d'usage. « Le Livre est au départ de tout » : la formule ne sera jamais prononcée avec plus de componction que dans un talk-show.

Repères simplistes encore. En logosphère, la croyance va principalement à ce qu'on écoute ; en graphosphère, à ce qu'on déchiffre ; en vidéosphère, à ce que l'on voit-entend. Superstition spontanée, successive de la récitation, de la signature, du visionnage. Les crédulités fortes, comme les insouciances, ne sont pas exclusives mais cumulatives. Il y a de l'oralité à l'âge de l'écrit, avec le théâtre et l'éloquence ; comme il y a de l'image au temps du texte imprimé. Il y a du texte, manuscrit et imprimé, au temps de l'image-son. Chaque époque mêle tous les modes de transmission, mais dans une hiérarchie différente. Il est logique que la dernière en date des médiasphères excelle dans le cumul des prestiges. Une bonne campagne électorale devra et pourra additionner plusieurs types d'efficacité et de sociabilité du signe : l'affiche vue au-dehors et l'émission vue à domicile, la profession de foi en noir et blanc lue dans l'intimité, et le bouche à oreille, l'immémoriale rumeur, murmure ou écho des menus peuples de la rue.

IV

LE PRIX DE L'AUDIENCE

Aujourd'hui, la méthode est la doctrine. Et le milieu, idéologie. L'État répond à la demande, et sur l'instant. Ce rase-mottes « indiciel » suscite quatre « dysfonctionnements » principaux dans la conduite des affaires publiques, et plus particulièrement étrangères. C'est l'idée même d'État et d'intérêt général qui est désormais en jeu.

Comme le préhistorien Leroi-Gourhan l'a démontré
sur l'exemple de l'australopithèque, c'est la technique qui
invente l'homme. L'homme d'influence en vidéosphère
n'est pas l'ancien « homme de cour » avec, en plus, des
objets nomades en guise de prothèses. C'est un autre individu suscité par une autre technologie. À l'arrière d'une
CX bleu nuit roulant à fond de train vers un aéroport ou
un héliport, l'homme-réseau passe des coups de fil en lor-
gnant sa montre chaque trois minutes, avec, à côté, le
vidéaste de la chaîne amie en train de tourner (pour la
trace). Voilà trois stéréotypes du milieu technique résu-
més en un individu lui-même stéréotypé. Cette figure
tout terrain, chronométrée, ubiquitaire et égocentrée est
fabriquée et légitimée par un dispositif de puissance qui
proscrit : 1) le *duratif* parce qu'il fonctionne à la vitesse
(« la célérité d'un message vaut mieux que la lucidité
d'une pensée »); 2) le *sédentaire*, parce qu'il marche en
mondovision (le 1er janvier, bonjour la Terre, je peux voir
le réveillon à New York, Hong Kong, Londres); 3) le *col-*

lectif parce qu'il fonctionne au gros plan (« faire un sujet »
à la télé c'est centrer une saynète sur un individu et le
suivre tout du long).

Reprenons. 1) La vitesse de transmission sacrifie, à
terme, le temps long au bref, le complexe au simple et le
stratégique au tactique. Résultat : militaire, humanitaire,
financière ou chirurgicale, aérienne ou terrestre, la bonne
opération sera intense mais courte (raid, frappe, flash,
coup). Tout ce qui dure sera dit « mortel ». 2) La mondialisation des diffusions privilégie le transnational, et
l'excentré par rapport au concentré. Résultat : déclasse-
ment des secteurs de portée uniquement nationale
(l'Aménagement du territoire, les Anciens Combattants,
le Commissariat au Plan, les Transports, etc.), mais avantage évolutif fort aux secteurs d'activité à rayon d'action
mondial (finances, humanitaire, culture, etc.). Tout ce
qui n'est pas transfrontières sera dit « ringard ». 3) La loi
du gros plan instaure l' « Un pour Tous » (le militant dis-
paraît derrière le porte-parole, le membre de la commission derrière son président, le corps de ballet derrière le
danseur étoile, etc.). Résultat : le micro et la caméra allant
au plus célèbre, chacun a intérêt à « jouer perso » (pas de
sanction, au contraire). Obsolescence du vieux « dessein
collectif ». Tout ce qui milite de façon désintéressée sera
dit « émouvant ».

Marcel Duchamp, encore lui, avait fixé la ligne, à la fin
de sa vie : « Chacun pour soi, comme dans un naufrage. »

On flotte, à l'instar des capitaux. Sauve qui peut.
Chaque responsable monte ses coups dans son coin, en
naviguant à vue, au feeling, dans l'aléatoire et le flou (très
« nuova scienza »).

Leitmotiv à tous les échelons de l'État : « Pas de doctrine. » Qui vient de *docere*, enseigner. Pas de *ligne*, qui
supposait encre, règle et papier. Pas de *dessein*, grand ou
petit, ni de *perspective d'ensemble* qui supposerait un point
de vue ; pas même de *projet d'entreprise*, qui supposerait
des normes d'appréciation, un esprit de solidarité interne
et une vue globale des choses. Moins graves que *morale*
(on dit : éthique) ou *principe* (on dit : procédure), presque
aussi ridicules qu'*idéologie* ou réductrices qu'*idée générale*,
doctrine et *ligne* font partie des termes maudits, souvenirs
d'âges théologiques révolus. Le fait, désormais, précède le
droit, la situation commande au coup par coup, captons
l'information, diffusons-la et attendons. Rigueur logique
et volonté politique ne vont-elles pas ensemble ? En perdant son texte, l'État a perdu l'habitude des *Livres blancs*
(le dernier, à la Défense, remonte à 1971) et des *memo-
randums*, auxquels on pouvait, dans le doute, se référer. Il
a aussi perdu sa syntaxe, et procède le plus souvent par
juxtaposition d'initiatives ponctuelles. Effet surdéterminé
s'il en est, où la tradition avocassière (un ministre-avocat
procède dossier par dossier, client par client), l'habitus
informatique (la révolution du couper-coller) et les
contraintes du marketing (isoler les cibles pour mieux
adapter le message) se renforcent malencontreusement.
Le critère des conduites n'est plus : *pertinent* ou non, mais
performant ou pas (obscénité de la question : a-t-on raison
de faire ce qu'on fait, et pourquoi ?). Il faut beaucoup
d'esprit de finesse à un préfet, à un chef d'état-major, à un
diplomate, au directeur des services secrets ou d'un
théâtre national, en plus de l'entregent, pour savoir désormais ce que l'État attend de lui. Résultat : chaque administration se barricade, se crispe sur ses prérogatives, érige

le précédent en règle, et les réunions interministérielles débouchent sur des demi-décisions, cotes mal taillées. Opaques dédales, les circuits de décision administratifs ne permettent plus de répondre à la question proprement politique : « Qui est responsable de quoi ? » À un État sans attributs de souveraineté clairs, à une collectivité sans projet collectif, correspondent des décisions sans décideur.

Le pragmatisme pur est une utopie, car les faits sont construits par des idées et les chiffres élaborés par des méthodes de calcul. La plus opportuniste des politiques est encore un effet de discours (lequel peut être un mythe reçu en héritage ou un banal code de lecture de l'événement). Sans doute, notre État médiatisé n'est-il pas sorti des salles de lecture du British Museum (comme les États marxistes qui prenaient pour réalité tangible et intangible un *concept* inventé par un lecteur nommé Karl Marx, « la classe sociale »), ni de l'Institut autrichien de recherches économiques (comme ces pays du tiers monde que leur État regarde avec les lunettes du professeur Friedrich Hayek). Et pour cause si « les doctrines sont devenues incroyables » (Michel de Certeau). De fait, l'action de l'État n'est plus modelée par une doctrine articulée en propositions, imprimées et reliées. Il est donc fondé à dire qu'il s'en tient aux réalités et aux statistiques, sans nébulosités rhétoriques. Mais le non-système est systématisé ailleurs, le non-programme est programmé autrement. Un gouvernement pragmatique reste modelé par ses pratiques, les mille petites machines infra-ordinaires à produire de l'opinion, de l'événement, de la légitimité, de la décision (qui vont du dispositif scénique d'un studio à la revue de presse radiophonique en passant par la fanfare du 20 heures, le panel représentatif, le commentateur qui fait autorité, le sondage minute, etc.). Vaste panoplie elle-même organisée par et autour du médium central.

La télé a beaucoup d'idées préconçues. Ce mode de transmission constitue un discours non discursif, un corps sans corpus de règles de conduite, d'autant plus contraignant qu'il n'est écrit nulle part et d'autant plus crédible qu'il se passe d'accréditation. L'historien Augustin Cochin disait, à propos de la libre-pensée du XVIIIᵉ siècle : « *La doctrine est à chercher dans la méthode.* » L'adage vaut pour les collectifs comme pour les personnes. On peut en faire un usage drolatique, en rapportant, par exemple, la doctrine exposée par le ministre dans son discours – « l'État doit démocratiser l'accès aux œuvres de la culture » – au reportage qui le montre discourant ce même discours écrit par son cabinet et qui atteste que la télévision démocratise d'abord l'accès aux faits et gestes des ministres d'État. La doctrine en toutes lettres dit « intervention publique »; la méthode sur le terrain : « C'est moi qui interviens, où seront les caméras [1] ? » Plus gravement (et cette pesanteur enlève de sa pointe à l'exemple précédent) : l'âme du vaisseau est dans le ventre de sa coque et non dans la tête du capitaine. Ce dernier ne peut fixer le cap sans prendre en compte les infrastructures de la transmission, œuvres vives du cargo. Les superstructures ne peuvent faire ce qu'elles veulent (ce qui n'est pas une raison pour ne rien faire ni rien vouloir).

Entendons-nous. La « régence médiatique » n'est pas de l'ordre du complot ni de la machination. L'appareil médiatique est bien entre les mains des puissances d'argent, et il a vocation à les reproduire. Mais ce n'est pas

---

1. Voir Daniel Schneidermann, *Où sont les caméras ?...*, ouvrage riche en conseils fort utiles (voir Bibliographie).

aussi simple qu' « un instrument de conditionnement et de manipulation des classes laborieuses pour une classe dirigeante cherchant à renforcer son hégémonie ». La régence s'exerce par les procédures de fonctionnement du système machinal dont le contrôle échappe jusqu'à ses machinistes, les journalistes eux-mêmes, les premiers à en pâtir (chronologiquement). Et là gît la force de l'emprise : ici, pas de rapport d'extériorité entre un utilisateur et un outil. *L'institution du réel par sa représentation* (ou la fabrication du fait par son récit médiatique) incorpore la contrainte à la source même, non comme une donnée d'expérience parmi d'autres mais comme la condition *a priori* de toute transmission d'expérience possible. Le conditionnement par l'infrastructure ne réside donc pas dans la partialité des messages mais dans leur *modalité*, et la neutralité politique des professionnels de l'information (par impossible), comme la déontologie la plus scrupuleuse (elle, fort possible) atténueraient sans la supprimer sa force de gravité. La machine est « transcendantale » non par le message qu'elle transmet mais par le fait qu'elle modalise et modélise n'importe quel message. Les pesanteurs de la vidéocratie sont aussi légères, finalement, que « l'art et la manière », mais cette légèreté pèse assez pour que le moule collectif modèle aussi bien le transmis de droite que de gauche, les petits que les gros et les imbéciles que les astucieux. Se comprend par « idéologie », en l'occurrence, un certain agencement *a priori* de l'espace, du temps et des signes.

Comme le médium en général, pour toutes les productions de pensée (qu'il s'agisse de l'écriture, de l'imprimé, ou de l'image-son), cette régence a l'étrange vertu de s'autoraturer, le point fixe d'une époque étant toujours son point aveugle. La télétransmission (avec tout ce qu'elle induit en amont et commande en aval) est l'idéologie de la non-idéologie. C'est ce qui la met au diapason des deux autres non-idéologies de l'époque qui sont comme ses sœurs jumelles : le *sociologisme* d'une part, selon lequel l'usage fait norme (puisque l'usage social du texte, c'est la lecture du journal, n'enseignons pas en classe les *Fables* de La Fontaine mais apprenons aux enfants à lire le journal); le *technocratisme* de l'autre, selon lequel il n'est pas de problème politique ou social que le progrès technique ne puisse résoudre (la télématique, défi mondial, sauvera le tiers monde, et le nôtre en passant).

LE COPILOTAGE

Nous savons dans quel inconfort le divorce entre la production des règlements et la production des signes a placé l'État. *Comment rester responsable de ses actes si l'on n'est plus maître de ses traces ?* L'autorité politique légalement désignée par le suffrage universel n'a pas autorité sur les appareils de médiation. Ceux-ci lui apparaissent comme sans foi ni loi bien qu'ils aient leur foi et leur loi propres – l'audience, le tirage et « l'effet ». Les experts ne reconnaissent pas là les paramètres traditionnels de « l'intérêt général » ou du « bien public », s'il est vrai que « ce qui est salutaire à la nation ne va pas sans blâme dans l'opinion » (de Gaulle). Le producteur propose, mais le diffuseur dispose – ce qui fait de ce dernier un opérateur politique imbattable. Que faire ?

La réponse est classique : « *If you can't beat them, join*

them. » Le salut consistera à faire cause commune avec les communicants, en se pliant aux normes du marché en vigueur (« trois émissions de suite à six points, et je saute! »). La course à l'audience est la logique des médias? La course à l'audience des médias sera la logique du gouvernement. Pour capter l'attention du public, on veillera à capter en priorité celle des canaux de capture, les journalistes, et à influencer les autres agents d'influence. Pour ce qui a trait à l'opinion, indépendamment de la presse et des préfets, Napoléon se reposait sur l'Église, avec laquelle il avait passé un pacte clair à cet effet (Concordat). La République, sur les réseaux de sociabilité issus de la Révolution (clubs, cercles, loges, partis, amicales, journaux d'opinion, etc.) et les « filières de formation » qu'étaient l'École et l'Armée. On sait ce qu'il en est advenu. Un traitement institutionnel de l'opinion n'est donc plus possible, et le « quatrième pouvoir », tout homogène qu'il soit dans sa mentalité et sa vision du monde, est concurrentiel, éparpillé et volatile. C'est bien un parti (au sens où Péguy parlait du « parti intellectuel »), mais sans l'organisation correspondante. Il faut donc agir empiriquement, au jour le jour. Plaire à ceux qui plaisent n'est d'ailleurs pas un devoir mais un instinct. Comme le lion va à la lionne, le candidat à la présidence ira droit à Michel Drucker, en ignorant le menu fretin. Ou le ministre en corvée d'inauguration, aux envoyés du *Figaro* et de *Libé*. Les autres invités sont peut-être intéressants, mais non rentables : ils ne feront pas de compte rendu. Cinq cents personnes assistent à l'événement, mais ce dernier sera ce que pourront – ou non – en lire le lendemain matin cinq cent mille lecteurs.

Comment éduquer les éducateurs, était la question centrale de l'État scolaire. Comment juger les juges, celle du gouvernement des juges. Comment séduire les séducteurs, est celle de l'État publicitaire. La production officielle de croyance distinguera, parmi les relais de crédibilité à disposition, les notabilités intellectuelles et les leaders d'opinion. Ici, chez les professionnels du texte, on aime le travail solitaire et soigné, de longue haleine, à domicile ou en bibliothèque, où chaque mot est pesé. Là, chez les professionnels de l'actualité, on préfère fréquenter le monde et partager les secrets des dieux. D'où des gratifications appropriées à chaque catégorie. Aux membres de la première, sera confiée « une mission de réflexion et de proposition » sur un « grand problème de l'heure » (la drogue, l'enseignement, les relations culturelles, la radiotélévision, la sécurité publique, la modernisation de l'État, la réforme de la Constitution, etc.). Il s'ensuivra une série de colloques, une ou deux allocutions de la meilleure venue et la remise solennelle d'un rapport, un ou deux ans après. Ce dernier sera neuf fois sur dix enfoui dans un tiroir et sans effet aucun sur le problème envisagé, mais le but de l'opération était l'opération elle-même, ses vibrations dans le milieu intellectuel et ses reprises à l'extérieur, dans la presse (« l'événement » de la désignation, celui ensuite du « grand colloque », celui enfin de « la remise du rapport »).

Les leaders d'opinion méritent un autre traitement, plus personnel et plus suivi, à la mesure de leur capacité de nuisance et de « projection d'image » : petits déjeuners, tête-à-tête à la campagne, invitations spéciales aux voyages officiels, confidences « off the record », facilités d'accès aux réunions réservées, choix de partenaires pour des interviews spectaculaires, etc. Il n'y a pas corruption ou domestication mais cooptation et connivence, avec toutes les ambiguïtés propres à une relation qui mêle de part et d'autre l'intérêt à l'amitié. Car la séduction personnelle n'est pas plus désintéressée que ne l'était jadis l'éducation collective et civique. Elle instrumentalise ceux et celles qu'elle flatte. L'audience des médias tend, en un sens, à devenir une fin en soi, dans la mesure où l'on cherche à faire sien le message du milieu diffuseur parce que c'est lui qui passe le mieux. Mais le médiateur, même devenu intime, aurait tort de croire qu'il est beaucoup plus qu'un moyen (de tester telle ou telle idée, lancer une « piste » ou une contre-désinformation).

« Le pape, combien de divisions ? » était une naïveté d'apparence réaliste à l'âge des souverainetés territoriales et de la force militaire comme paramètre ultime de la puissance (graphosphère terrienne). « Untel, combien d'auditeurs (de lecteurs ou de parts de marché) ? » en est l'équivalent adapté au caractère plus labile et subtil de la puissance postmoderne (vidéosphère aérienne). Des réponses toujours révocables apportées par le marché à cette légitime curiosité, découlent ces hauts et ces bas de la vie relationnelle des professionnels de la relation qui alimentent la chronique des chroniqueurs. Elle est ponctuée par les fâcheries, bouderies et coups de tête propres à toute vie de famille (« je ne verrai plus jamais untel, c'est une fripouille et un ingrat »).

La concurrence entre grands médiateurs permet de jouer alternativement l'un contre l'autre, mais le jeu trouve sa limite dans l'adage du bon sens : « Il ne faut jamais dire du mal de ceux dont on a besoin. » On voit souvent un intellectuel injurier par voie de presse un ministre, prestation flatteuse qui ne coûte rien, mais le même se gardera bien de brocarder le dernier livre écrit par tel directeur de journal ou de chaîne : sa renommée pourrait en souffrir (plus d'articles ni d'invitations). À l'inverse, on voit des hauts fonctionnaires remettre à sa place un directeur de rédaction, dont leur avancement ne dépend pas, mais on n'en voit pas qui engueule leur ministre. Chaque profession prend les risques qu'elle peut, et toutes savent d'instinct qu'il est préférable d'aimer ceux dont on dépend.

Le rapport amour/haine, à l'intérieur du cercle d'or des informés/informants, n'a donc rien que de normal. Il a, pour les informants surtout, deux inconvénients : d'abord, le temps considérable soustrait à l'exercice gouvernemental lui-même (d'où un flottement généralisé des services et une méconnaissance par le ministre de la vie de son administration dont « l'affaire du sang contaminé » peut donner l'aperçu); ensuite, comme nous le verrons, l'aveuglement des hommes publics par leur propre activité publicitaire, tant il est vrai qu'on est toujours influencé par ceux qu'on se propose d'influencer. C'est l'aspect mortifère de la séduction (réel quoique moral).

La cogestion État-média des affaires publiques, patente et cruciale dans les situations critiques (guerre du Golfe et référendum de Maastricht, pilotés de concert, jour après jour), s'exprime en temps ordinaire dans la *coproduction de l'événement symbolique*. Les événements qui ont le mieux « marché » au cours de la dernière décennie (depuis le Sommet de Versailles, 1981, jusqu'au voyage à Sarajevo, 1992, en passant par les concerts de S.O.S. Racisme, le Sommet de l'Arche et le défilé Goude, le grand amphi d'avant Maastricht, etc.) ont pour caractéristique d'avoir été scénarisés, tournés et montés en collabo-

ration entre 'e producteur – l'État – et un ou plusieurs
diffuseurs commerciaux. Dès le départ, une chaîne, un
magazine, un quotidien est associé à la fabrication, inté-
ressement qui garantit une diffusion optimale. Chaque
contractant trouve son compte à la valorisation mutuelle :
côté officialité, l'organisateur voit ses faits et gestes réper-
cutés et sublimés par le médium ; côté diffusion, le
médium choisi se ménage l'exclusivité d'un tournage, ou
un accès privilégié à l'information la plus chaude du
moment. Canonisation réciproque et sans restes.
L'orchestration des deux intérêts nous a valu ces dernières années de fort beaux moments. Par exemple, Jes-
sye Norman chantant *La Marseillaise* dans la nuit enve-
loppée de tricolore et de lumières (le clou du clou est
toujours une image, seule fédératrice).

Le « coup » en politique, notons-le, obéit aux mêmes
contraintes que son équivalent sportif ou culturel, voire
surnaturel. L'organisateur de Roland-Garros ou du Paris-
Dakar dépend tout autant qu'un sherpa ou un directeur
de protocole du partenariat télévisuel, dont l'engagement
déclenchera annonceurs et sponsors. L'intellectuel averti,
qui est son propre imprésario, et veut se mettre en vedette
à propos d'une valeur incontestable en se branchant sur
une « actu » à projecteurs garantis (Sarajevo, Salman
Rushdie, Kurdistan, etc.), commence lui aussi par intéresser à la future surprise un diffuseur, magazine ou télé. Si
les gens du bel air eux-mêmes se sont « aliénés aux gens
de communication », si l'académicien et le romancier font
presque aussi fort que le cardinal ou le Dalaï-Lama, certains ne voient pas pourquoi l'État publicitaire agirait
autrement que l'intelligentsia, l'Église, ou le sport publicitaires.

LA MARKÉTISATION DE LA RÉPUBLIQUE

Qui se croit citoyen du monde oublie que la citoyenneté n'existe que dans le cadre d'un État et par l'effet de sa souveraineté. Qui se veut simple individu pour jouir d'une plénitude de liberté oublie qu'il n'y a pas de droits de l'homme sans la forme juridique d'un État. Inadvertances excusables, et plutôt sympathiques. Les distractions de la puissance publique sont moins anodines. L'État-caméléon qui bouge avec tout ce qui bouge, l'État-caisse de résonance qui surfe tous les flux socioculturels, l'État-ruban adhésif des attentes, des moments et des contextes, satisfait sans doute aux normes du milieu. Et, en apparence, de la démocratie, puisqu'il remplace l'appel au peuple par l'appel aux particuliers, et les grandes machines épuratrices par les petites annonces. En se limitant à faire de la relation, modestement, d'homme à homme, ce relativisme nous soulage de l'absolu (il y a des maisons pour cela : les églises). Mais la médaille a ses revers.

Indice, avons-nous vu, c'est colle. Fort de sa « batterie d'indices », l'État-énergumène colle au terrain et racole tout ce qui a le contact, à droite et à gauche. « Complètement terrain » et « directement marketing » (vocabulaire des « sciences de gestion »), il ignore seulement qu'il a, en tant qu'État de droit, partie liée avec l'idée, le formel et l'universel. Formel, comme les libertés, universel comme le suffrage. Le sens de l'État et le sens de l'abstrait ne font qu'un. La République n'est pas la société mais son abstraction. Indivisible, elle ne la fragmente pas en parts de marché et en clientèles cibles, non plus qu'en régions, en races ou en quartiers. Elle a vocation à déraciner, c'est-à-dire à élever. « Communication » est le nom « scientifique » donné aux vieilles doctrines de l'enracinement. Nos sociologues statisticiens sont les Maurice Barrès de la démocratie. Ils ont remplacé la terre et les morts par le public et ses attentes. Le « chant profond » est devenu « sémiométrie des habitants des villes de plus de 200 000 habitants », comme s'appellent ces diagrammes qui plongent « au cœur des références enracinées dans la population française ». Après Marx, ou Tocqueville, donc, la Sofres. Passage d'une meurtrière idéocratie à une Cité régie par la raison et l'enquête d'opinion ? Ou changement de credo, échange d'un missel devenu grimoire contre le « nouveau catéchisme marketing » – qui deviendra quoi lui-même ?

Définissons les mots. La publicité est « l'art de vendre par annonce », et le marketing, « l'art de connaître les clients et leurs comportements ». Le second a pris le dessus dès les années 60, lorsqu'on est passé d'un marché de vendeurs à un marché d'acheteurs. Les années 1980 ont vu une nouvelle « révolution » publicitaire avec l'apparition du « marketing direct » ou « relationnel », défini par son théoricien, l'Américain Drayton Bird, comme « toute activité de communication qui crée et exploite une relation directe individualisée entre vous et votre prospect ou client ». Ainsi les entreprises peuvent-elles à la fois fidéliser la clientèle et mieux rentabiliser leur budget communication, en en mesurant à court terme les retombées. Pour le mailing, en période de crise, mieux vaut avoir un bon fichier qu'un bon message. Les fichiers de l'État ne sont pas les plus mauvais, et nous avons vu dernièrement s'adjoindre au formulaire de la déclaration d'impôt la lettre personnelle du ministre des Finances adressée à chacun de nous et signée de sa main. Petit début. Les Français reçoivent en proportion cinq fois moins de mailing que les Américains.

« La pub parle du produit, le marketing direct, lui, parle du client. Là où l'une dit : " Voilà ma belle tondeuse ", l'autre vous parle à " vous qui avez un jardin et pourriez avoir besoin d'une tondeuse ". On est passé du produit roi au client roi [1]. » À la télévision, le marketing d'antenne établit les programmes en fonction d'études d'audience préalables, et les renégocie ensuite en temps réel, en fonction des réactions du public. Il arrive parfois qu'un producteur de séries télévisées teste un feuilleton en cours de tournage auprès d'un échantillon représentatif des téléspectateurs pour remanier le scénario au fur et à mesure (profil du héros, nature des rebondissements, etc.). La connaissance toujours plus fine des goûts des consommateurs permet de prévenir, voire d'accompagner le zapping comme de déclencher le réflexe d'achat – ou d'adhésion.

« Le gouvernement des sondages » est le nom polémique parfois donné à cette inversion d'une logique de l'offre en logique de la demande. Le renversement de « la cellule de communication » des ministères en bureau d'études et centre de tri *préalable* est, lui, un fait avéré. C'est là où l'on sépare les produits vendables et ceux que « les médias n'achèteront jamais » – francophonie, par exemple, politique industrielle ou aide publique au développement. « Parti, Parlement et gouvernement, rappelait dernièrement un Premier ministre, ne sont ni légitimes ni fondés à vouloir autre chose que ce que veulent les Fran-

---

1. « La Poste », *Références*, janvier-février 1993.

çais. » Les consultations électorales, à intervalles réguliers, suffisaient naguère à révéler ce que voulait la majorité du peuple, au vu des diverses propositions des partis politiques. Aujourd'hui, par temps calme, un gouvernement travaille à partir d'*un sondage par jour* pour repérer et anticiper la demande sociale, secteur par secteur, détecter un microclimat, analyser une perception collective. Avec d'autres observatoires privés, le S.I.D. (Service d'information et de documentation du Premier ministre) est préposé à cette vieille météo [1]. Jointe à tous les autres clignotants et baromètres, elle nourrit chaque semaine d'innombrables notes et réunions de cabinet, à l'Élysée, à Matignon, comme ailleurs. La superstition de l'expert-sondeur, pudiquement baptisé « aide à la décision » mais réellement transformé en nord magnétique des volontés, apparaîtra peut-être un jour à nos descendants aussi saugrenue que l'est à nos yeux l'haruspice romain ou l'astrologue birman. Après tout, le plus grand Empire du monde ne décidait rien, bataille, alliance ou assemblée à tenir, sans d'abord consulter le vol des oiseaux dans le ciel ou le foie d'un poulet, et cela ne lui a pas trop mal réussi. Un ordinateur est sans doute plus fiable qu'un volatile, mais ne paraît pas garantir une durée romaine. L'arithmétique des sondages n'est pourtant pas sans intérêt pour les hommes de dossier, dans leur bureau, comme substituts à la pratique du terrain social qu'ils n'ont pas ou plus, tout comme les écrans numériques servent de substitut visuel, pour les pilotes d'Airbus dans leur cockpit, au regard sur l'extérieur qu'ils ne peuvent plus avoir. Mais l'hypnotisme de la demande et l'obnubilation du chiffre font du gou-

---

1. Monique DAGNAUD, « Matignon et les médias », *Le Monde*, 3 et 4 avril 1991.

vernement en République sondagière un pilote de ligne
qui prendrait un bulletin météo pour un plan de vol. Où
va-t-on ? Là où il fait beau. Droits de l'homme. Europe.
Entreprise. Individu. Charité. C'est selon.

La croyance des stratèges dans le mythe communicationnel, avec ses « consultants » et ses « conseils », ses
« radiologues » et ses « preneurs de pouls », ne manque
pas de justifications objectives. Celles des généraux
romains dans les augures et des présidents birmans dans
les astrologues non plus. La plus évidente est la défausse
magique sur le « dircom », grand prêtre fautif. Le « problème de communication » joue alors le rôle du courroux
de Jupiter pour cause de libation incomplète. L'échec
politique est imputé à l'erreur technique (« ce que nous
faisions était bien mais on n'a pas su communiquer »), ou
à des malveillances subalternes (« pas étonnant, avec ces
journalistes-là »). Plus sérieusement, l'érosion des cadres
de référence et des identités collectives tend à déboussoler
les élus, qui ne peuvent plus croire qu'ils le sont d'une
nation, d'une classe et encore moins d'une Providence.
La perte des grands buts idéaux du voyage (« la marche
vers le Progrès ») met chacun dans l'incertitude de ce
qu'il y a à transmettre, en sorte que le « public is message » rassure comme l'ultime point d'ancrage. Score
d'audience, cote de popularité, indice de confiance, point
perdu ou gagné au hit-parade, baromètre mensuel,
tableau de bord : feux de brume pour navigateurs soli-
taires. De même les valeurs de contact et de convivialité
sont-elles d'autant plus en hausse dans l'imaginaire que le
lien social est en baisse dans la réalité vécue.

Les panoplies de l'interactivité et de la « médiascopie »
ne font sans doute que parachever une tendance inhé-

rente à la communication orale, naturellement polarisée
sur le destinataire, par opposition à la transmission écrite,
polarisée par et sur l'émetteur. Un orateur qui parle à une
petite foule ajuste son discours et ses intonations à ce qu'il
voit et entend de l'auditoire. La régulation par le milieu
dans la transmission en temps réel rend difficile la critique par l'intervenant de son public, alors qu'un écrivain,
en différé, a tout loisir de prendre les distances qu'il veut,
satelliser et éventuellement sadiser son lecteur. Le doctrinaire est un écriveur, le démagogue un parleur. Par
nature. Et quand on est l'un et l'autre, l'addition est ban-
cale : le doctrinaire n'est pas un bon orateur, le démagogue n'est pas un bon écrivain. Mais entre le leader qui à
« L'heure de vérité » recommence une partie de sa prestation sous l'effet du sondage à chaud (chaque quart
d'heure, un chiffre), et Eschyle ou Démosthène sur
l'agora, il n'y a peut-être qu'une différence de degré et
non de nature. On ne manquera pas non plus de nous
faire remarquer que l'opportunisme politique n'est pas né
avec la Sofres et la Cofremca. Donnons-en acte. Ce ne
sont que des outils, à chacun d'en tirer le parti qu'il veut.
Soit. Convenons cependant que les nouveaux appareils
de capture d'ambiance peuvent redonner fraîcheur et
vigueur à certaines traditions réputées désuètes du terroir,
comme le radicalisme selon Clemenceau, par exemple,
« la préférence pour le réel et le présent contre l'idéal et
le futur ». L'informatique s'ajoutant à la pompe des
« sciences de la communication » (« s'ils avaient la véritable justice et si les médecins avaient le vrai art de guérir,
ils n'auraient que faire de bonnets carrés : la majesté de
ces sciences serait assez vénérable d'elle-même ») n'est
peut-être pas étrangère à ce qu'un pénétrant moraliste des

temps écoulés décrivait comme « l'insolent pragmatisme du pouvoir », ou encore « sa propension à s'accommoder de ce qui est et à s'arranger de ce qui vient [1] ».

La vidéosphère n'a pas sacré « la reine du monde » de Pascal ni couronné « le roi on » de Necker. L'opinion gouverne les démocraties depuis Athènes. La *doxa* commande aux décisions de la *Boulé* (qui sait convaincre dirige donc les affaires). Ce qui se passe dans les têtes passe dans les urnes. On comptait les votes dans l'Assemblée athénienne mais au fond, quoique opinion et vote fussent corrélés, on ne savait ni mesurer ni même décrire ce qui était le contraire du vrai, l'instable et mouvante opinion qui fait que la Cité, dans sa tête, aime ou n'aime plus Alcibiade. L'opinion est soit unanime, et bonne, soit divisée, et mauvaise, mais « seul le peuple – un tout – est crédité de la décision, ainsi que le proclame l'entête du décret [2] ». Elle n'est pas rapportée à des sujets individuels. Pas trace à cette époque, si l'on en croit Thucydide, de « courants » ou de « mouvements d'opinion », ou encore d'« opinion dominante ». En France, il est depuis longtemps admis que « les gens d'esprit gouvernent parce qu'à la longue ils forment l'opinion publique, qui tôt ou tard subjugue ou renverse toute espèce de despotisme ». Telle était déjà l'opinion d'un homme d'esprit, Duclos, en 1750, un an avant le lancement de l'*Encyclopédie*. La permanence du gouvernement de l'opinion est en soi une platitude. Montrer comment ses outillages en modifient la nature demeure, en revanche, une tâche ouverte. Il ne serait pas sans intérêt à cet égard qu'un spécialiste d'his-

1. Edwy PLENEL, *La Part d'ombre*, Paris, Stock, 1993.
2. Nicole LORAUX, « Questions antiques sur l'opinion. En guise de réponse à Pierre Laborie », p. 171 (voir Bibliographie).

toire économique nous décrive un jour comment l'économie de marché a pu s'étendre du domaine des biens et services jusqu'à celui de la croyance. L'effritement des cadres religieux et politiques, en érodant les croyances collectives en simples opinions individuelles, a sans aucun doute permis la constitution de ce marché annexe et spécifique, que l'agora athénienne comme le siècle des Lumières paraissent avoir résolument ignoré.

« DYSFONCTIONNEMENTS »

L'abandon des marges d'autonomie engage dans une spirale autodestructrice. L'État-symptôme court en effet, à la longue, les risques de s'hystériser, s'éclater, se banaliser et finalement se stériliser.

Brève revue des dérapages.

L'hystérie. Le désir maladif de se rendre sympathique frôle quiconque veut épouser et prévenir les désirs de l'autre, à tout prix. La névrose hystérique est la forme limite du comportement indiciel, comme recherche perpétuelle de la bonne empreinte. Et il y a quelque chose d'émouvant dans ce mélange de férocités égoïstes et de gentillesses altruistes propre au monde politique puisque chacun parle et agit non en fonction de ce qu'il éprouve mais de ce qu'il croit que les autres vont éprouver en l'entendant ou le regardant. Quelque chose d'ingrat aussi dans ce perpétuel besoin de gratifier. Psychologie à part, le premier symptôme de l'hystérie publique est la *perte de l'agenda*. À la remorque de l'actualité, au diapason de ceux qui la fabriquent, l'État n'est plus maître de son ordre du jour. La mondialisation des flux et des échanges, la croissante autonomie des régions ainsi que la prédominance des règlements bruxellois sur les lois internes mettent déjà à mal le contrôle qu'il peut encore avoir sur son espace économique, politique et juridique. Moins connu mais aussi sérieux apparaît la dépossession du temps. « Gouverner sous le feu des médias » conduit à régler sa montre sur le temps médiatique qui devient bon gré mal gré celui des conseils interministériels [1]. On en connaît les vices (ou les vertus) : le court terme du cas par cas, celui des gros titres à la une; l'urgent qui chasse l'important; l'absence de mémoire cumulative, de recul ou de retour en arrière; le bouclage autosuggestif (les médiateurs parlent des médiateurs, et cette parole de soi sur soi devient un événement objectif); la difficulté extrême à s'occuper de deux choses à la fois (l'agenda, c'est tout ceci ou tout cela). On pare au plus pressé, et une manchette, une fuite, une malveillance ou une ineptie qui fait parler d'elle mobilise aussitôt un cabinet entier. On saute d'une affaire, d'une émotion, d'un psychodrame (Vaulx-en-Velin, Carpentras, le foulard, l'affaire Habache, le Kurdistan, etc.) à un autre, en gérant au mieux; mais le défaut de principe régulateur interdit une quelconque synthèse, au-delà de la « réaction appropriée » ou du « désamorçage de la bombe ». On réagit au lieu d'agir : on « sent » une situation au lieu de juger sur le fond. L'opinion zappe ? Les ministres aussi, mais le plus souvent avec un temps de retard sur la machine à lancer et relancer le saisissement collectif. Le rythme « américain » du visuel (clip musical de deux minutes et coupure du feuilleton chaque treize minutes pour la page de pub)

1. Monique DAGNAUD, « Gouverner sous le feu des médias », *Le Débat*, n° 66, septembre-octobre 1991.

raccourcit la capacité d'attention des écoliers (le cours de
60 minutes ramené à 50), autant que celle des hommes
d'État. Un curieux syndrome d'épilepsie optique a été
repéré chez certains ados maniaques des jeux vidéo, physiquement incapables de regarder une image fixe. Il n'est
pas certain qu'un État speedé, survolté et clipé, donc
décérébré (quels que soient le sang-froid et la sérénité
personnelle du chef au milieu, que ce soit de l'État ou du
Gouvernement) soit en mesure de faire face à la hiérarchie réelle des tâches et des priorités. Cette dernière correspond assez rarement à la perception spontanée qu'en
donnent les bombardiers du *news*.

Les bouffées délirantes de l'opinion, légitimes dans
leur ordre, partent parfois de bons sentiments – solidarité,
compassion, horreur –, parfois de moins bons – haro sur
le bouc émissaire et fureur de Lynch. Toute société a de
ces chaleurs. Ce n'est pas les ignorer ou les mépriser que
de s'évertuer à les tamiser, les décanter ou les refroidir par
le filtre symbolique d'un communiqué à froid, d'une analyse didactique ou d'un silence un peu prolongé. Quand
on entend un ministre céder à l'émotion du moment
(pour annoncer, par exemple, l'envoi de brigades internationales à Bucarest, ou une libération immédiate *manu
militari* des camps de prisonniers en Bosnie), on voit
l'État sympa syntoniser la *langue de vent* de la société
civile. On désigne par là cette langue de bois propre à
tous ceux qui peuvent, par position, ne pas vouloir les
conséquences de ce qu'ils veulent, ou les contre-effets des
effets qu'ils appellent de leurs vœux. Démission de la prévision rationnelle devant la vision collective, qui remet en
mémoire le grand paradoxe photographique : la froideur
de « l'objectif », neutralité de l'appareil de prise de vues,

débouchant sur la chaleur subjective de la réception, qui catalyse l'émotion par un simple enregistrement. Pour reprendre les termes de Barthes dans la *Chambre claire* face à la photo de sa mère disparue, cet irremplaçable *émoi*, qui veut une participation forte et immédiate avec le monde, fait céder le *studium*, intérêt objectif pour un document, devant le *punctum*, poignance intime et panique. C'est bien la force subversive de la photo par rapport au tableau ou d'un reportage télévisé par rapport à un télégramme diplomatique, que d'être cet incorrigible et merveilleux énergumène. Mais un État énergumène n'en est plus un. Il n'est pas là pour aimer mais pour sauvegarder ; ni pour se faire aimer mais pour se faire respecter. L'amour, la tendresse, la sympathie, c'est en plus. Les photos de maman sont interdites au Conseil des ministres. Un monstre froid sera toujours moins dangereux qu'un chaud.

L'éclatement. La politique des personnalités est la petite monnaie de la séduction (le « d'homme à homme » du contact et de la pub) et de la superstition de la « société civile » (mosaïque d'individualités et de caractères). C'est donc à la fois un style et un effet. Les deux se rencontrent dans le marketing. Rentabiliser, c'est pratiquer « l'un par un » (comme le font les opérateurs du câble, les *Pay-TV* et *Pay-per-view*).

Comme un magazine en difficulté augmente ses pages « people », un chef de gouvernement qui cherche un deuxième souffle présentera au public une équipe très « société civile », pour capter au profit de « la majorité présidentielle » telle ou telle épatance. Civile comme « civilisée » – la chose est donc populaire, du dehors. Mais aussi comme « guerre civile » – elle est impraticable, du

dedans. Les médias seront flattés, mais c'est un leurre.
Civil n'est pas civique. Une chic équipe de ce genre, telle
la cour du roi Pétaud, fera assez bien l'affaire du *Canard
enchaîné*. La « société civile » au gouvernement, c'est une
surcharge de ministres et secrétaires d'État, l'embouteil-
lage des crocs-en-jambe et finalement la loi du plus fort –
celui qui suscitera le plus d'échos et de visuels, qui sait
mieux que les autres planter le décor promotionnel et
créer le fait accompli (« la situation dominante »).

Nous avons pris l'habitude, il est vrai, le journalisme et
l'invasion des biographies aidant, de ne nous intéresser à
une institution, un problème, une période, que dans la
mesure où nous pouvons la relier à une personnalité,
pour la mettre sur la sellette ou au pinacle. On ne s'intéresse pas au Vatican, admirable et complexe administration, mais à Jean-Paul II; le bicentenaire de la République laisse indifférent mais celui de la mort de
Louis XVI excite toutes les curiosités; l'immense question islamique, subtile et cruciale, ne passionne guère
dans nos contrées, mais l'analyste supposé veut surtout se
faire prendre en photo avec Salman Rushdie. On a beau
savoir que Jean-Paul II, Louis XVI et Salman Rushdie
sont des figures incompréhensibles en elles-mêmes, qui
ne s'expliquent que par ce qu'elles cachent à la vue et qui
les soutient par-derrière, on s'arrête à la porte. « Le refus
de la vie impersonnelle » est un facteur d'effritement,
sinon d'effondrement de la *res publica*, que certains pessi-
mistes font remonter, pour la modernité, au début du
romantisme. C'est un fait que « les tyrannies de l'intimité »
n'ont jamais fait du bien aux libertés civiques, ni à la vertu
de responsabilité. Le sociologue Richard Sennett a décrit
les effets sur la société américaine de « la séduction inci-

vile » ou du « charisme sécularisé », propre à tous ceux qui veulent établir avec leurs concitoyens une « relation immédiate qui cache le contenu de leurs actes et leurs conséquences futures [1] ». « L'idolâtrie intimiste » a l'avantage d'escamoter les réalités désagréables mais l'exhibition des personnalités joue clairement, dit-il, en faveur du conservatisme « en empêchant les gens de réfléchir à ce qu'ils pourraient obtenir ou changer socialement ».

En France, capétien ou républicain, le « pays légal » était centralisé ; le « pays réel », éclaté. Il n'est pas étonnant que l'État éducateur ait été centralisateur et que l'État publicitaire soit toujours plus décentralisé, ouvert à ces forces centrifuges, géographiques, catégorielles ou culturelles, qu'on stigmatisait jadis comme féodalités. La décentralisation, avec le transfert des compétences de l'État à des assemblées régionales élues, a été sans doute une cause plus profonde d'affaissement de l'État (et donc d'accroissement des inégalités sociales et de la corruption administrative) que les nouvelles osmoses, à l'américaine, entre les sphères privée et publique. Les deux tendances font pourtant bon ménage. Et la multiplication très washingtonienne des lobbies, des staffs et des consultants redouble l'éparpillement maison des *missi dominici*, hommes d'influence et officieux.

Il n'y aurait là qu'une tradition pittoresque si en toile de fond une certaine folklorisation ethnologique de l'unité nationale en communautés confessionnelles ou « raciales » ne mettait en péril la citoyenneté. Entendre un Président s'adresser à « la communauté musulmane de France », dans une allocution télévisée pendant la guerre du Golfe ; ou voir succéder à l'exaltation d'une Résistance

---

1. Richard Sennett, *Les Tyrannies de l'intimité*, Paris, Le Seuil, 1979.

unanime, sans présence juive particulière, subterfuge de l'après-guerre, une sorte de contentieux opposant « la communauté juive de France » à « l'État français », avec « réparation » des abominations de Vichy faite devant les seuls représentants de cette « communauté » – comme s'il fallait encore qu'elle fût traitée, une deuxième fois, comme un corps en soi et un corps à part de la nation – voilà qui blesse en tout un chacun l'idée même de République.

★

La banalisation. Délavage des couleurs, dépersonnalisation des originaux, *diminuendo* du discours public. On sait pourquoi « plus il y a de chaînes, moins il y a de choix », et « plus on communique, moins on informe ». Les multiplicateurs d'impact (d'une déclaration, d'une décision, d'un mot de trop) que sont aussi les mass media obligent déjà les hommes en charge à un surcroît de retenue verbale, par peur de ces précipités plus ou moins explosifs qui peuvent naître à tout instant d'une phrase sortie de son contexte ou d'une boutade par malheur enregistrée. La prudhommesque platitude des propos ministériels a donc une excuse pour ainsi dire défensive. À quoi s'ajoute un calcul plus offensif. Le marketing recommande les choix fédérateurs aux heures de grande écoute pour ne pas scinder les familles, gauche et droite, jeunes et vieux ensemble. Ces variétés sans auteur et sans style sont supposées faire consensus, selon la règle du « minimax » politique, ou comment toucher le maximum de clients avec le minimum de risques. La réponse type est le « less-objection program », celui qui ne choquera aucune communauté en respectant les normes minimales du bien-penser et du savoir-vivre. Feuilleton unique, Journal unique, Pensée unique. L'idéal : combiner la généralité du propos avec la précision du ciblage. D'où l'intérêt quasi musical du ministre pour l'État de droit, la paix, la coopération entre les peuples et la grande famille des hommes. À ce jeu malheureusement, nos hommes publics, condamnés à être consensuels dans la forme comme sur le fond, seront toujours doublés par les représentants locaux de la conscience universelle qui peuvent, eux, hausser le décibel sans retombées fâcheuses. Les maîtres de l'indignation communicationnelle excellent dans l'extrémisme du centriste ou la provocation consensuelle, consistant à ajouter au refrain unanime du jour (jamais de contretemps) une petite strophe de leur façon qui fait catastrophe. La morale est d'autant plus sonorisée qu'elle est à l'abri de toute épreuve de réalité. Comment, quand on a un peu plus d'information par-devers soi, rivaliser en audimat avec la grande gueule au grand cœur ?

Tous les Télétats finiront-ils par se ressembler parce que les techniques de communication convergent ? Ils ont pour l'heure une tête de file : l'Amérique, comme, finalement, toutes les télés du monde (y compris Channel Four). Uniformisation et américanisation des contenus politiques vont de pair. Le rabotage vidéocratique des exceptions françaises et autres n'est pourtant pas le meilleur service qu'on puisse rendre à la statue de la Liberté. Il pousse au pire nationalisme l'instinct de défense nationale.

La stérilité. Chaque médiasphère a sa magie politique préférée. *Verbalisme* de la logosphère, quand la parole vaut acte. *Doctrinarisme* de la graphosphère, quand la

thèse juste fait chanter victoire. *Médiatisme* de la vidéosphère, quand la médiatisation remplace le message. Avec
ses récitals, ses tournois et ses carrousels sous des millions
de regards, la télévision a sans doute élargi et réenchanté
à sa manière un forum dépouillé par l'imprimé laïc de ses
Te Deum chantés, ses prières publiques et ses rois thaumaturges. Mais quand l'écran devient le territoire, le risque
est que *le message devienne le donné*. Le gouvernement
peut alors sans mauvaise foi croire qu'une réforme est
faite pour l'essentiel lorsqu'elle est annoncée. À quoi bon
respecter le calendrier gouvernemental ou faire chiffrer
au préalable par son administration le coût et la faisabilité
de la mesure envisagée ? C'est après qu'on découvre que
la charrue ne tire pas les bœufs, l'administration, non pré-
venue, n'assurant pas le suivi. Sans doute une autre
annonce la semaine suivante viendra recouvrir d'un gros
titre la précédente. Résultat : incrédulité générale et ran-
cœur d'avoir cru. Voilà qui accrédite toutes les parodies
et les cruautés des chansonniers. Comment s'y
reconnaître entre photo et montage, faux et vrai-faux,
pseudo et sosie ? Comment distinguer le héros de l'histoire de l'acteur qui-joue-les-héros-de-l'histoire, le Président de sa marionnette, le reality-show du « Bébête
show » ? Un chanteur est interrogé une heure durant sur
le sens ultime du XXᵉ siècle comme Gandhi, de Gaulle ou
Einstein ne le furent jamais. Tourniquet du toc au tic, va-
et-vient du réel au virtuel, tournis généralisé. Une manif
réunit 50 personnes dans la rue : ce n'est pas un événement. Une caméra de T.F.1 était là, et passe une minute
au 20 heures : c'est un événement. Huit jours après, dix
mille personnes défilent dans le même quartier : un événement ! Aucune image le soir à la télé : erreur, un non-

événement. Le mélancolique se prend alors à penser qu'il n'est pas de vidéocratie heureuse. « Rien n'est jamais acquis à l'homme. Ni sa force / Ni sa faiblesse ni son cœur. Et quand il croit / ouvrir ses bras... »

ENCHANTEUR ÉTRANGER

Dans le domaine intérieur, l'efficacité du ouï-dire et du vu-faire reste toute relative, au vécu de tout un chacun. Le prix du kilo de bœuf ou le nombre de mendiants croisés dans le métro ramènent les belles images à la réalité. En économie, des paramètres quantitatifs et incontestés – taux d'inflation, de couverture ou de change, courbe du chômage, déficit budgétaire, montant des réserves, etc. – mois après mois contrôlent et filtrent l'imaginaire officiel. À quelle aune en revanche apprécier la valeur objective d'une politique étrangère ? Pour neuf citoyens et demi sur dix, le vu, le lu et l'entendu tiennent ici lieu de vécu. Tant que le paiement au comptant est différé, comme c'est le cas avec la guerre, qui ouvre d'un seul coup les yeux sur l'envers des déclarations et des affiches (comme en mai 40), on peut dans ce domaine gouverner les esprits à crédit. Le report indéfini des échéances, l'évanescence des rendez-vous « au pied du mur », la confidentialité des indicateurs disponibles, tout cela rend le bilan improbable ou arbitraire, en tout cas non falsifiable. Qui peut mesurer « la place de la France dans le monde » ou estimer « le prestige de notre pays qui-n'a-jamais-été-plus-grand » ?

Comment répondre : « trêve de rhétorique », si, en l'absence d'épreuve militaire décisive, nous restons ici dans et sous l'empire du vraisemblable ? Le récit retrouvant son archaïque pouvoir de fondation, la rhétorique est très difficilement opposable. Il y faudrait un minimum de temps, et l'audiovisuel en a chez nous de moins en moins. À la télé comme à la radio, le raccourci simplificateur est devenu confetti. À la chronique des années soixante, qui durait quatre ou cinq minutes, a succédé le « papier minute » des années quatre-vingt. C'est quand l'histoire longue affleure de tous côtés que la loi de la coupe, du flash et de l'instantané impose dans toutes les rédactions le cliché destructeur. Plus les situations internationales se compliquent, plus l'information devient simpliste. Nos yeux fréquentent Battambang et Khartoum, l'étranger nous devient familier. Mais comme l'intelligence déserte, la distance se recreuse entre ici et là-bas, faute d'explications, en sorte que l'esprit reperd la proximité que l'image a fait gagner.

Guizot s'en plaignait déjà à lord Aberdeen en 1849 : « Tenez pour certain que la politique extérieure ne préoccupe pas du tout la France et n'y sera la cause d'aucun grand événement. Les gouvernements peuvent faire ce qui leur plaira. Si ce sont des folies, on ne les soutiendra point et si ce sont des sottises, on les sifflera sans colère. » Le contraste entre l'attrait exercé par les affaires du dehors sur les hauts responsables et leur peu de rentabilité politique s'explique, bien sûr, par le souci qu'ont de l'intérêt national ceux qui en ont constitutionnellement la charge. Mais aussi, par les fascinantes facilités d'une sorcellerie enfin autorisée. Comme le discours est fondateur pour tout ce qui touche la société future, le geste, l'image et la formule le sont pour les contrées lointaines. L'ailleurs comme le demain sont l'un et l'autre matières à sortilège, par quoi la politique étrangère est la dernière utopie des gestionnaires sans utopie, l'ultime part de rêve des réalistes. C'est le prestige fait politique, aux deux sens du mot : « artifice séducteur » et « bénéfice moral ». Nous voilà sur le terrain du faire-croire pur, où l'action se confond quasiment avec « la gestion professionnelle des perceptions collectives » (Jean-Marie Guéhenno). Si les apparences sont sauves, et qu'on y croit, tout est sauf : la subjectivité collective décide. La politique de la France ne se fait pas à la corbeille, mais sa politique étrangère se *fait* au petit écran, à la radio et dans la presse. Ici, l'exercice de communication est pur (comme l'est la Raison kantienne avec ses postulats par opposition à l'entendement borné par l'expérience). On y retrouvera donc nos quatre défauts mais au carré.

Chômage mis à part, il ne serait pas étonnant que les historiens de 2093 jugent que les affaires du dedans ont été plutôt bien menées au cours de cette décennie, et que celles du dehors ont accumulé des désastres. Dès à présent et en France même, la plupart des spécialistes des divers théâtres mondiaux (Afrique noire, Proche-Orient, Asie, Amérique latine, Pacifique), comme ceux qui ont suivi l'évolution des rapports de force en Europe même depuis une quinzaine d'années, s'accordent à reconnaître que la place relative de la France dans le monde a considérablement diminué, jusqu'à l'éviction pure et simple dans certaines zones d'influence traditionnelles. Un tel rétrécissement de puissance, en un si court laps de temps (dont les causes sont certes historiques autant que politiques) n'a pas de précédent dans la période contemporaine (hormis, bien sûr, la période 1940-1945). Or une immense majorité de Français s'accorde à juger le rôle international de leur pays flatteur, enviable ou

« encore important ». Quelle meilleure preuve de la performance et du pouvoir des signes ? Mise en sommeil de la C.N.U.C.E.D. (Conférence des Nations unies pour le commerce et le développement), évaporation des P.M.A. (groupe des pays les moins avancés), effondrement des cours des matières premières, suppression de la Direction du développement aux Nations unies, recul de l'A.P.D. (aide publique au développement) des États industrialisés : c'est au moment où les relations Nord-Sud ont atteint un degré de cynisme diplomatique, de brutalité militaire et de cruauté économique inégalé depuis un demi-siècle qu'elles nous paraissent justement placées sous le signe de la compassion, de l'oblation et de l'entraide. Marx voyait l'idéologie comme l'inversion de la chose par son reflet dans la chambre noire. Rarement les faits lui auront donné raison à ce point. Cet effet chambre noire montre l'efficacité symbolique des politiques étrangères de communication.

Caméras et micros changent le jeu et pas toujours en mal (même si les marquis de Norpois nous ont évité beaucoup de guerres et de bourdes). Les deux moments forts de cet « agir communicationnel » qui préfère le visible au viable sont les Sommets de chefs d'État et les voyages présidentiels. Ces pompes sont de toujours, mais seul un suivi peu rentable, donc improbable peut en faire autre chose que des trompe-l'œil. La diplomatie vidéo surestime les événements et sous-estime les processus. Elle lâche le plus souvent la proie pour l'ombre. Elle aime les présidences en vue ou la fonction de porte-parole de telle ou telle institution internationale, quand les chemins de l'influence véritable empruntent des voies plus discrètes. De même les « éléphants blancs » d'Afrique noire, ces projets de coopération surdimensionnés, barrages, usines ou hôpitaux, font-ils plus d'effet que de bien sur le terrain. Réfractaire à « l'esprit de système », la diplomatie indicielle, toujours en situation, préfère les petites phrases aux gros dossiers, les indications aux annotations, le téléphone au télégramme, et l'oral à l'écrit (la rédaction d'une directive, c'est déjà une mise en ligne : périlleux). La considération mûrie des intérêts des États, tels que les modèlent souterrainement leur géographie et leur histoire, s'efface devant le culte du « contact », téléphonique ou physique. La qualité d'une relation, l'« esprit » et le « climat » d'une rencontre – cet impalpable a ses lettres de noblesse. Ce qui n'a pas de précédent, c'est la réduction quasi officielle des relations internationales aux relations personnelles (« faites-moi confiance, je les connais tous »).

Sur la longue durée, les hauts et les bas de la stratégie française correspondent aux plus ou moins grandes marges d'autonomie de l'action diplomatique par rapport à la situation intérieure, ou à ce que nous appellerions, par anachronisme, « la société civile ». François Ier a scandalisé en alliant la fille aînée de l'Église à Soliman le Magnifique. Richelieu aussi, qui n'était pas un homme aimé du peuple, non plus que Talleyrand. Leur mérite fut de n'être pas aimables. Bien faire son métier, en ces matières, c'est braver l'opinion majoritaire, dont l'historien sait, depuis qu'il y a des mesures d'opinion, qu'*elle s'est toujours trompée* sur le sens de l'histoire en cours. Il n'est pas de plus sûr gage d'errement pour une diplomatie que sa popularité immédiate, le fait est avéré et documenté[1]. C'est pourquoi les Républiques d'antan ont eu

---

1. Régis Debray, *La Puissance et les Rêves*, Paris, Gallimard, 1984, pp. 189-207.

longtemps pour coutume de soustraire le ministre des Relations extérieures à l'obligation du suffrage universel, pour le protéger des tentations. C'est dans l'entre-deux-guerres que le jeu des partis et des intérêts idéologiques ou électoraux a brouillé l'action diplomatique de la France (avec des exceptions notables), et la IV⁰ République a constamment subordonné celle-ci à des considérations partisanes, avec les résultats que l'on sait. D'où le soin mis par le fondateur de la V⁰ République à faire que le Président ne doive plus son mandat au Parlement afin de soustraire l'action présidentielle à l'approbation préalable des Chambres. C'est pour beaucoup à cette liberté que la France a pu alors recouvrer des marges de manœuvre. Mais qui aurait prévu, en 1958, que l'interférence partisane et parlementaire serait un jour remplacée par l'interférence médiatique, pour rejouer l'ancienne partition : une diplomatie de la demande sociale, en copilotage avec les organes d'opinion ?

La sujétion ici s'indique dans le _timing_. « L'Iran-Irak occupe toute la tranche Étranger, désolé, pas de place pour le Mozambique » – répondait une chaîne parisienne à un reporter ramenant en septembre 86 un film sur la famine au Mozambique [1]. Chaque horreur en son temps. La politique aussi obéit à ces « contraintes d'espace ». Quand l'Europe de l'Est fait la une, pas de place pour l'Afrique. Et vice versa, un an plus tôt. Malgré les courageux efforts d'un grand ministre, Claude Cheysson, bientôt remercié pour cause d'impopularité médiatique, la vidéocratie d'État sous sa forme socialiste a épousé les foucades et les phobies du parti diffuseur : surestimation délirante de la menace à l'Est (après la « bataille des euro-

---

1. Carmen BADER, journaliste à R.F.I.

missiles » gagnée de justesse, et au début de la « guerre des étoiles » censée enterrer l'âge nucléaire, le ministre de la Défense d'alors rallie Yves Montand dans une célèbre soirée télévisée pour préparer la résistance à l'irruption de l'Armée rouge dans Paris); dénonciation du « syndrome finlandais » en Europe occidentale et perception d'une fin de l'histoire en Europe orientale à jamais recouvertes par le gel totalitaire; désintérêt pour l'Asie centrale et du Sud-Est, réduite au seul enjeu de la lutte anticommuniste (Afghanistan, Viêt-nam); concentration en Afrique sur les clients traditionnels et les « pays du champ », au détriment des anglo et lusophones, comme des nouvelles générations francophones; découverte que la Libye (moins de 2 millions d'habitants) est sur le point de conquérir le continent africain, et par ricochet, de subvertir l'Occident. Abrégeons le chapelet des consensus nationaux, qui firent flamber en leur temps les médias et les bureaux, toujours à l'unisson. Une politique étrangère est bonne lorsqu'elle a bonne presse et la presse est bonne lorsqu'elle en dit du bien. L'autoréférence des verdicts et le synchronisme de la question/réponse rendent la critique individuelle, même de l'intérieur, soit dérisoire, soit suspecte (montrer en 1982 que la menace soviétique est surfaite atteste ou l'hurluberlu ou l'agent d'influence). Qui n'a pas l'oreille des médias n'a pas l'oreille de l'État séducteur, et l'inverse. Ce cercle vertueux étouffe dans l'œuf toute dissonance. Ce qui n'est pas sur l'agenda médiatique n'intéresse pas, et ce qui y figure arrive précontraint. Critère ultime de justesse, l'opinion rend ses jugements sans appel. La discussion du bien-fondé d'une opération militaro-humanitaire, en Afrique par exemple, s'arrête lorsqu'il est constaté que 78 % des Français l'approuvent.

L'éclatement, c'est d'abord la multiplication des administrations compétentes. Un Quai d'Orsay divisé en trois, parfois quatre sous-ensembles (ministère, secrétariats et sous-secrétariats d'État) rend la coordination ministérielle laborieuse. À quoi s'ajoute la division entre Coopération et Affaires étrangères pour l'Afrique (les Finances gérant de leur côté nos rapports avec le F.M.I. et la Banque mondiale) : coordination interministérielle problématique. Les autres ministères (Culture, Éducation, Transports, etc.) s'étant dotés entre-temps d'une direction internationale, on comprend que l'orchestration élyséenne de cette cacophonie devienne surhumaine. Pléthore d'acteurs qui reflète la dérégulation de la planète : si le chaos est partout, on colle au terrain en l'important à domicile et en laissant la « société civile » assumer à la diable le plus clair de nos relations avec la souffrance du monde. O.N.G., Églises, entreprises, associations de secours médical, journaux et toute personnalité ayant pignon sur rue paraissent avoir quittance de définir, parasiter, ou préempter l'action publique, notamment vers le tiers monde. Quelle âme attendrie ou généreuse, téléphones intercontinentaux, satellites, et C.N.N. aidant, n'a pas aujourd'hui sous sa protection personnelle une communauté, une ethnie, une nation ? Hélas, la privatisation de la diplomatie n'est pas exempte de dangers, et d'abord pour les victimes, nos protégés et adoptés d'un jour [1].

La *banalisation*, c'est la standardisation des diplomaties de l'image aux couleurs et aux normes atlantiques (l'O.N.U., rappelons-le, est une institution américaine par

---

1. Ghassan SALAMÉ, « Protection encombrante », *Libération*, 14 février 1993. Voir aussi, du même auteur, « Le Sud floué », *Le Monde des débats*, janvier 1993.

l'origine, l'idéologie et le siège). Le retour de la France dans l'O.T.A.N., au moment même où le protectorat américain sur l'Europe a perdu toute raison d'être historique, atteste que les pressions du milieu sont plus fortes que les considérations les plus élémentaires de géopolitique. Aucun schéma déterministe à la Taine (« race, milieu, moment ») ne saurait expliquer pourquoi la dernière diplomatie française a aussi constamment sacrifié « l'indépendance de l'Europe » à « la solidarité occidentale » (comme on appelle l'alignement sur Washington). Car, si l'on se défausse sur la Communauté de ses compétences de souveraineté, chacun sait que celle-ci se défausse sur la Maison-Blanche de ses responsabilités internationales. Pour Paris, la route de Washington passe par Bruxelles, les plus atlantistes étant les plus « européens » et vice versa. Le médiologue verra dans ce déroutant conformisme, si peu conforme aux intérêts de l'Europe, une nouvelle confirmation que le milieu le plus actif n'est plus aujourd'hui celui où l'on vit, produit, échange, mais celui où l'on voit, écoute et reçoit.

La vidéosphère est américaine par origine et droit d'aînesse. Et tous ses champions de par la planète pensent et sentent américain. En France, peintres et sculpteurs, au XVIIe siècle, avaient l'Italie pour modèle ; écrivains et philosophes, au XVIIIe, l'Angleterre ; philologues et géographes, au XIXe, l'Allemagne ; nos communicateurs, à présent, l'Amérique du Nord. Tout opérateur de chaîne commerciale, tout directeur de magazine, tout responsable d'un gallup a deux patries, la sienne et les États-Unis. Et c'est justice, si là se trouvent l'excellence professionnelle, les bases de données, les Oscars et les pionniers. En sorte que l'angoissante question de savoir « qui sera le

Kennedy, le Reagan, le Bush, le Clinton français ? », una-
nimement posée au pays par nos médias après chaque
élection présidentielle américaine, suscite dans notre personnel politique des émulations toujours plus spontanées.
L'humanitarisme, armé ou non, que nous avons fait
nôtre, constitue l'inspiration originaire de la diplomatie
philanthropique des États-Unis. Il serait donc un peu
comique de qualifier ce mimétisme stratégique de « pro-
américain », puisque cela reviendrait à transformer une
passion en choix ou une imprégnation en volonté. Quand,
en France, les deux tiers des grands écrans et les trois
quarts du petit réfléchissent ou émettent sur les yeux
des plus jeunes les plus beaux vidéo-clips, les meilleurs
films et feuilletons ; quand la radio transmet la meilleure musique ; et les éditorialistes les meilleures opinions, ces images, ces mots et ces sons deviennent notre
réalité même. Or « la diplomatie, sous des conventions
de forme, ne connaît que des réalités » (Charles de
Gaulle). Ces fantasmagories sont les vraies réalités de la
vidéosphère – dussent-elles nous rendre étrangers à notre
réelle réalité.

   La stérilité, c'est le « less-objection scenario » ou le plus
petit dénominateur commun, soit l'O.N.U. comme mythe
fédérateur et garant de moralité. Ce scénario attrape-to't
garantit un audimat maximal pour une action minimale.
Agir conformément au droit international est un impératif. Qui dira le droit ? La communauté internationale,
c'est-à-dire l'Assemblée des Nations unies qui en est
l'expression démocratique. C'est donc de l'O.N.U. qu'il
faut attendre mandat. « La communauté internationale a
décidé que... nous appliquerons sa décision. » Ce rai-
sonnement, formellement impeccable, est un leurre.

D'abord, la démocratie internationale est celle des États et non des peuples. Elle exclut les Arméniens, les Palestiniens, les Sahraouis et beaucoup d'autres, comme elle exclut les Canaques, les Touaregs, les Indiens ou les Tziganes, bref tous ceux qui ne se coulent pas dans le moule de l'État-nation ou que les cinq décideurs du Conseil de sécurité n'ont pas eu intérêt à reconnaître comme États. Ensuite et surtout, la « loi internationale » n'est pas l'expression de la volonté générale des 179 sujets de droit qui composent la société internationale, réunis en Assemblée générale, mais l'expression de la volonté particulière des cinq membres permanents du Conseil de sécurité qui verrouillent l'ensemble du système. Nulle articulation entre Assemblée et Conseil, pas de séparation des pouvoirs, et aucun contrôle de légalité des décisions du Conseil de sécurité. Étrange démocratie où cinq valent pour deux cents et finalement un pour cinq – puisque le directoire des grandes puissances répond désormais aux directives d'un directeur et d'un seul. L'O.N.U. est le système de transformations qui permet à un mandant de se faire passer pour mandataire, et à l'intérêt stratégique dominant pour le cri de la conscience universelle. La belle image du Parlement mondial permet ainsi de rallier la loi du plus fort la tête haute et au nom du Droit. Avant de nous rendre aux volontés des États-Unis, nous exigeons le tampon du notaire, fidéicommis des premiers. Le « deux poids, deux mesures » dans l'application de la Charte n'est pas une inadvertance ou un vice d'exécution mais l'expression conséquente du primat des intérêts économiques, géopolitiques, alimentaires, etc., des États décideurs sur les prétextes humanitaires et juridiques de la décision.

Convertie au multilatéralisme, la France est devenue le plus gros fournisseur, dans le cadre de missions humanitaires ou de maintien de la paix, de contingents militaires des Nations unies, paravent idéal de l'insignifiance et de la subordination. Elle alimente ainsi, pour reprendre les termes d'Alain Joxe, un Empire mondial postiche, de type garnisonnaire, avec des supplétifs au sol pour les basses œuvres, vertueusement inefficaces ; trompe-l'œil qui permet à l'Empire réel, de type expéditionnaire, se réservant les frappes aériennes à « zéro mort », de régler pour son compte les affaires sérieuses, quand et là où il le juge bon. L'impuissance des forces dites d'interposition de l'O.N.U. n'est pas due à l'imprécision des mandats, au flou des missions ou à telle contrainte pesant sur le commandement. La lecture d'une page de Hegel suffit à expliquer pourquoi 16 000 bérets bleus ne vaudront jamais 160 bérets rouges d'un État sûr de lui. « On demande trop à l'O.N.U. », protestait dernièrement le Secrétaire général des Nations unies, organisme par ailleurs irremplaçable et bénéfique pour tout ce qui n'est ni politique ni militaire. Et il avait raison. Un honorable huissier n'a pas à prendre les risques du gendarme de choc en grande banlieue. L'O.N.U. est préposée à l'enregistrement des contrats entre États, et n'a pas vocation à les remplacer, ni à inventer une volonté, des valeurs ou des intérêts vitaux là et quand il n'y en a pas. Il est injuste d'imputer à cette valeureuse administration son impuissance à résoudre des problèmes pour lesquels elle n'est pas faite. Les premiers responsables en sont les États nationaux qui, lui demandant l'impossible, se défaussent sur elle des responsabilités qu'ils refusent d'assumer en personne, seuls ou en petit groupe.

L'État séducteur vibre par toutes ses antennes aux heurs et malheurs du village global. S'émouvant de plus en plus et s'engageant de moins en moins, mariant l'excitation visuelle et l'apathie morale, il a le mondialisme passif.

Un État *trop* chevillé à la transcendance, confident de Dieu ou de l'Histoire, expose ses assujettis à la répression généralisée. Communisme, islamisme. Un État qui ne se réfère plus à *aucune* transcendance, simple prestataire de services, s'expose lui-même à la dépression généralisée. Il se corrompt par osmose, à son insu. Libéralisme triomphant, socialisme résigné. Il se met aux normes du solvable et du visuel. Cédant aux tyrannies conjointes de l'œil et de l'or, il succombe sous ces banales machines qui ne savent que représenter ce qui est, non le devoir-être, utopie ou valeur : les caméras. Et pourquoi résisterait-il à l'argent et à l'image puisqu'il n'admet plus rien *au-dessus* de ce qui résonne, se chiffre et se pèse ?

L'homme est le seul animal qui n'est comblé que par l'absence, ce qui fait de lui un animal proprement politique, que l'économie jamais ne comblera [1]. Le Christ a longtemps rassasié parce qu'il est l'absent radical, celui dont l'ange annonce qu'il n'est pas ici mais ailleurs. Son tombeau n'aurait pas aimanté les imaginaires s'il n'avait

---

1. *Critique de la Raison politique, op. cit.*, livre II, 1re section, *Logique de l'organisation*, p. 225 (voir Bibliographie).

été vide. Son corps : une parole. N'étant plus le porte-parole de la nation ni le défenseur du peuple, l'État ne nous parle plus, ou plutôt ne nous parle-t-il plus de la nation et du peuple, sa raison d'être, mais de lui-même. Le moyen a supplanté la fin.

Alors, à défaut de foi, il y a ce murmure, sous le chari-vari : « Gestion économique cherche projet de société. Énarques cherchent légende. Présent cherche Histoire. Horizontales demandent verticale. Moins de physique, s'il vous plaît, et un peu plus de métaphysique ! Nous asphyxions ! Enfoncez les murs d'images, rouvrez avec des mots les fenêtres du grand large ! »

Avec la même pellicule, les mêmes caméras, les mêmes éclairagistes et les mêmes tables de montage, le cinéaste peut faire un navet ou un chef-d'œuvre. Le septième art est *aussi* — et en Amérique, est *d'abord* — une industrie, et méconnaître les rouages de cette machinerie n'a jamais aidé un metteur en scène à faire œuvre d'artiste. De même, poser à une politique la question de sa technique ne préjuge nullement de la réponse. L'art de gouverner est celui de faire croire, et il y a des technologies de la croyance collective, qui sont celles des moyens de communication. On ne s'adresse pas aux citoyens de la même façon selon qu'on le fait par la parole vive sur l'agora, par des mandements écrits, par la radio ou la télévision. Chacun sait que la radio a «donné» aussi bien Roosevelt que Hitler. Certains tirent de là qu'un système technique n'est qu'un moyen, un outil, une langue d'Ésope, et que l'essentiel réside dans les fins que les protagonistes se proposent, dans l'idéologie qui les meut, dans le programme qu'ils mettent en œuvre. Ce n'est pas le point de vue du médiologue. Il n'y a certes pas de déterminisme technologique, mais il n'y a pas non plus de neutralité technique

Un système donné de transmission, s'il n'annule pas la
liberté des acteurs, restreint le champ de leurs possibles,
fixe certaines règles du jeu, donne un certain style à tous
les gouvernements d'une époque, astreints à un même
savoir-faire, un même tempo, une même syntaxe. Il n'est
pas possible, par exemple, d'isoler « la fin des idéologies »
de l'avènement de l'audiovisuel (où l'exposition discursive d'arguments rationnels est pire qu'une faute de goût,
une incitation au zapping).

Les événements intervenus depuis la rédaction de ce
livre pousseront à voir dans l'État séducteur ici décrit un
« worst-case », un idéal-type plutôt pessimiste. L'illusion-
nisme de type Berlusconi n'a pas convaincu les Italiens ;
l'austère et protestant Jospin, dans une France catholique, a séduit par son dépouillement minimaliste ; beaucoup de prestidigitateurs en place ont lassé leur public,
quelques-uns se retrouvent sous les verrous. Trop de feux
d'artifice nous ont en quelque sorte mithridatisés (l'image
tue l'image) ; les politiciens séducteurs ont perdu de leur
charme, et nous sommes devenus des citoyens moins
faciles à séduire, plus sceptiques ou sardoniques, plus ou
moins réfractaires aux paillettes audiovisuelles. En
France, l'heure du tout-culturel et du tout-humanitaire
est passée, et beaucoup en reviennent sobrement à la primauté de l'Éducation sur la Diffusion et à la nécessité,
en matière diplomatique, de stratégies à long terme, au-
delà des coups de cœur humanitaires.

Cela dit, « penser aux extrêmes », comme faisait
Machiavel en son temps, produit toujours des effets de
loupe décapante (à relents tragiques, au temps des
Princes, plus drolatiques aujourd'hui, tant une lecture
macluhanesque de la vie démocratique incite à la gaieté).

Il n'est jamais mauvais de savoir de quelles virtualités sont gros les changements techniques en cours, notamment dans l'ordre de la *Polis*, pour mieux s'entraîner à la prudence, la sœur cadette de la connaissance. De même que l'essor des *biotechnologies*, avec leurs fabuleuses et périlleuses virtualités, a suscité l'apparition d'une *bioéthique* — pour subordonner la technique à nos normes culturelles —, de même peut-on espérer que l'essor des *démotechnologies*, où le pire peut à tout instant côtoyer le meilleur, favorise à l'avenir, dans nos pays de vieille culture, l'apparition d'une *médioéthique*, informée, vigilante, mais sans catastrophisme, critique mais sereine, dépourvue de ces stridences d'Apocalypse toujours de bon rapport (le marché de l'angoisse étant un des plus lucratifs qui soient), mais qui recouvrent souvent un certain simplisme dans l'analyse, un excès de hâte dans l'enquête, sinon un sombre amour du désastre. Les analyses médiologiques qu'on vient de lire sont donc à inscrire, révérence parler, dans la vieille tradition matérialiste qui cherche à «défataliser» le cours des choses et qui, se réclamant de Lucrèce, de Spinoza, et de Marx, tient qu'il n'est pas d'émancipation humaine possible sans un effort de connaissance rigoureuse des mécanismes objectifs qui peuvent conduire à la servitude.

BIBLIOGRAPHIE

CHAPITRE PREMIER

Maurice AGULHON, « Pour une archéologie de la République. L'allégorie civique féminine », *Les Annales*, janvier-février 1973.

Michèle FOGEL, *Les Cérémonies de l'information dans la France du XVIᵉ au XVIIIᵉ siècle*, Paris, Fayard, 1989.

Stéphane MICHAUD, Jean-Yves MOLLIER et Nicole SAVY (sous la direction de), *Usages de l'image au XIXᵉ siècle*, Paris, Creaphis, 1992.

Percy Ernst SCHRAMM, « Les signes du pouvoir et la symbolique de l'État », présenté par Philippe Braunstein, *Le Débat*, n° 14, juillet-août 1981.

Friedrich MEINECKE, *L'Idée de la raison d'État dans l'histoire des Temps modernes*, traduit de l'allemand par Maurice Chevallier, Genève, Droz, 1973.

Sylvie MERZEAU, *Du scripturaire à l'indiciel, Texte, Photographie, Document*, université Paris-X-Nanterre, thèse dirigée par Nicole Boulestreau, 1992.

Yves HÉLIAS, *La Symbolique du pouvoir d'État dans les allocutions télévisées des présidents de la République française*, université de Rennes, thèse, mars 1983.

Jean-François KESLER, *L'E.N.A., la société, l'État*, Nancy, Berger-Levrault, 1985.

André ROUILLÉ, *La Photographie en France. Textes et controverses : une anthologie 1816-1871*, Tours, Macula, 1989.

Daniel BOUGNOUX, *La Communication par la bande*, Paris, Éditions La Découverte, 1991.

Alain BOUREAU et Claudio-Sergio INGERFLOM, *La Royauté sacrée dans le monde chrétien*, Paris, E.H.E.S.S., 1992.

Jacques ELLUL, *Histoire de la propagande*, Paris, Presses universitaires de France, 1967.

Louis MARIN, *Le Portrait du roi*, Paris, Éditions de Minuit, 1977.

Louis MARIN, *Des pouvoirs de l'image*, Paris, Le Seuil, 1993.

René PASSERON (sous la direction de), *La Présentation, recherches poétiques*, Paris, C.N.R.S., 1985.

Marc BLOCH, *Les Rois thaumaturges*, Paris, Gallimard, 1983.

Ernst KANTOROWICZ, *Les Deux Corps du roi*, Paris, Gallimard, 1989.

Pierre NORA (sous la direction de), *Les Lieux de mémoire*, I, *La République*, II, *La Nation*, III, *Les France*, Paris, Gallimard, 1984-1993.

Jean-Marie APOSTOLIDÈS, *Le Roi-machine. Spectacle et politique au temps de Louis XIV*, Paris, Éditions de Minuit, 1981.

Gérard SABATIER, « Imagerie, héroïque et sacralité monarchique », in *La Royauté sacrée dans le monde chrétien*, Paris, E.H.E.S.S., 1992.

CHAPITRE II

Condorcet, Cinq mémoires sur l'instruction publique, texte présenté, annoté et commenté par Charles COUTEL et Catherine KINTZLER, Les classiques de la République, Edilig, Paris, 1989.

Catherine KINTZLER, *Condorcet, l'instruction publique et la naissance du citoyen*, Paris, Gallimard, « Folio Essais », 1984.

Jérôme BOURDON, *Histoire de la télévision sous de Gaulle*, Paris, I.N.A., 1990.

Catherine BERTHO-LAVENIR (sous la direction de), *L'État et les Télécommunications en France et à l'étranger, 1837-1987*, Genève, Droz, 1991.

Christian NIQUE, Claude LELIÈVRE, *La République n'éduquera plus, la fin du mythe Ferry*, Paris, Plon, 1993.

Alain GRAS, *Sociologie des ruptures*, Paris, P.U.F., 1979.

Blandine BARRET-KRIEGEL, *Les Chemins de l'État*, Paris, Calmann-Lévy, 1979.

Georges BALANDIER, *Le Pouvoir sur scènes*, Paris, Balland, 1992.

La création face aux systèmes de diffusion, Groupe « Création culturelle, compétitivité et cohésion sociale », Paris, La Documentation française, 1993.

Pierre BOURDIEU, *La Noblesse d'État*, Paris, Éditions de Minuit, 1989.

CHAPITRE III

Jean BAUDRILLARD, *De la séduction*, Paris, Gallimard, « Folio Essais », 1988.

Jean CAUNE, *La Culture en action. De Vilar à Lang : le sens perdu*, Presses universitaires de Grenoble, 1992.

Michel SCHNEIDER, *La Comédie de la culture*, Paris, Le Seuil, 1992.

Marc FUMAROLI, *L'État culturel. Essai sur une religion moderne*, Paris, Éditions de Fallois, 1991.

Jeanne LAURENT, *1793-1981. L'art et l'État* (polycopié).

Espaces publics, traditions et communautés, Hermès 10, Paris, Éditions du C.N.R.S., 1992.

Daniel SCHNEIDERMANN, *Où sont les caméras ? Traité de la gloire médiatique*, Paris, Belfond, 1989.

Roland BARTHES, *Mythologies*, Paris, Le Seuil, 1957.

Richard SENNETT, *Les Tyrannies de l'intimité*, Paris, Le Seuil, 1979.

CHAPITRE IV

Nicole LORAUX, « Questions antiques sur l'opinion. En guise de réponse à Pierre Laborie », in *Histoire politique et sciences sociales*, Paris, Complexe, 1991.

Relations internationales et stratégiques, *La Politique étrangère de la France 1988*, L'Harmattan, printemps 1993.

Jean-Marie GUÉHENNO, *La Fin de la démocratie*, Paris, Flammarion, 1993.

Michel BONGRAND, *Le Marketing politique*, Paris, P.U.F., 1986.

Alain ETCHEGOYEN, *La Démocratie malade du mensonge*, Paris, François Bourin, 1991.

Patrick CHAMPAGNE, *Le Sens commun. Faire de l'opinion le nouveau jeu politique*, Paris, Éditions de Minuit, 1990.

Alain GRAS (sous la direction de), *L'Imaginaire des techniques de pointe, au doigt et à l'œil*, Paris, L'Harmattan, 1990.
Le Nouvel Espace public, Hermès 4, Paris, Éditions du C.N.R.S., 1989.

DU MÊME AUTEUR

Aux Éditions Gallimard

CRITIQUE DE LA RAISON POLITIQUE OU L'IN-CONSCIENT RELIGIEUX, Bibliothèque des Idées, 1981.

LA PUISSANCE ET LES RÊVES, Le Monde actuel, 1984.

LES EMPIRES CONTRE L'EUROPE, Le Monde actuel,1985.

COMÈTE MA COMÈTE, collection blanche, 1986.

ÉLOGES, collection blanche, 1986.

LES MASQUES, collection blanche, 1988.

LE POUVOIR INTELLECTUEL EN FRANCE, Folio Essais n° 43, 1989.

À DEMAIN DE GAULLE, Le Débat, 1990; Folio Actuel n° 48, 1996.

COURS DE MÉDIOLOGIE GÉNÉRALE, Bibliothèque des Idées, 1991.

CONTRETEMPS. ÉLOGE DES IDÉAUX PERDUS, Folio Actuel n° 31, 1992.

VIE ET MORT DE L'IMAGE. UNE HISTOIRE DU REGARD EN OCCIDENT, Bibliothèque des Idées, 1992; Folio Essais n° 261, 1994.

MANIFESTES MÉDIOLOGIQUES, hors série, 1994.

CONTRE VENISE, collection blanche, 1995.

LOUÉS SOIENT NOS SEIGNEURS. UNE ÉDUCA-TION POLITIQUE, collection blanche, 1996.

Impression Bussière Camedan Imprimeries
à Saint-Amand (Cher),
le 15 septembre 1997.
Dépôt légal : septembre 1997.
Numéro d'imprimeur : 1/1734.
ISBN 2-07-040303-3./Imprimé en France.